English G 2000

Grammatikheft 3/4

für das
7. und 8. Schuljahr
an Realschulen

Cornelsen

English G 2000

Herausgeber
Prof. Hellmut Schwarz, Mannheim

Grammatikheft
zu den Bänden 3 und 4
der Ausgabe B

Erarbeitet von
Uwe Tröger, Hannover
auf der Grundlage des
Grammatikheftes English G • Neue Ausgabe
von StD Erich Fleischhack, Ebern/Unterfranken

Beratende Mitwirkung
StD Erich Fleischhack, Ebern/Unterfranken
Prof. Hellmut Schwarz, Mannheim
Hartmut Tschepe, Berlin

Zeichnungen
David Barnett, Oadby, Leicester
Katharina Wieker, Berlin

Gestaltung und technische Umsetzung
Susanne Meyer, Uwe Tröger

1. Auflage €✓
Druck 4 3 2 1 Jahr 03 02 01 2000

Alle Drucke dieser Auflage können im Unterricht nebeneinander verwendet werden.

Druck: CS-Druck Cornelsen Stürtz, Berlin

ISBN 3-464-35070-3

Bestellnummer 350703

gedruckt auf säurefreiem Papier, umweltschonend hergestellt aus chlorfrei gebleichten Faserstoffen

	Seite	Abschnitt
Tipps und Hinweise für die Benutzung des Grammatikheftes	5	
WORTSTELLUNG Word order	6	
Bejahte Aussagesätze Positive statements	6	1
Verneinte Aussagesätze Negative statements	6	2
Fragesätze Questions	7	3–5
Nebensätze Subordinate clauses	8	6
Die Stellung des indirekten und des direkten Objekts The position of the indirect and direct object	8	7–9
Die Stellung der Adverbien The position of adverbs	9	10–12
DAS VERB The verb	11	
Verbarten Types of verbs	11	13–15
Modale Hilfsverben Modal auxiliaries / Modals	12	16–28
***can* – *be able to* (können)**	12	18
***can/may* – *be allowed to* (dürfen) • *can't/mustn't* – *be not allowed to* (nicht dürfen)**	13	19
***must* – *have to* (müssen) • *needn't* – *not have to* (nicht müssen/brauchen)**	13	20
Übersicht: Was drücken modale Hilfsverben aus? Overview: What do modal auxiliaries express?	13	21–28
Das Vollverb The full verb	15	29–52
Die Zeiten – Übersicht The tenses – overview	15	29
Die einfache Form der Gegenwart The simple present	16	30–31
Die Verlaufsform der Gegenwart The present progressive	17	32–34
***Simple present* oder *present progressive*?**	18	35
Die einfache Form der Vergangenheit The simple past	19	36–37
Die Verlaufsform der Vergangenheit The past progressive	20	38–39
Das Perfekt The present perfect	21	40–41
since* und *for	22	42
***Present perfect* oder *simple past*?**	22	43
Die Verlaufsform des Perfekts The present perfect progressive	23	44–45
Das Plusquamperfekt The past perfect	24	46–47
Das Futur mit *will* The *will*-future	25	48–49
Das Futur mit *going to* The *going to*-future	25	50–51
Möglichkeiten, über zukünftige Ereignisse zu reden Ways of talking about future events	26	52
Frageanhängsel Question tags	27	53–54
Das Passiv The passive	28	55–57
Der Infinitiv The infinitive	29	58–60
Das Gerundium The gerund	30	61–64
DAS NOMEN The noun	32	
Der Plural der Nomen The plural of nouns	32	65–66
Nomen, die nur im Plural stehen Plural nouns	33	67–68
Nicht zählbare Nomen Uncountable nouns	33	69
***s*-Genitiv und *of*-Fügung** *s*-genitive and *of*-phrase	34	70–71
Das Stützwort *one/ones* The prop-word *one/ones*	35	72

	Seite	Abschnitt
BEGLEITER UND PRONOMEN Determiners and pronouns	35	
Der bestimmte Artikel *the* The definite article *the*	35	**73–74**
Der unbestimmte Artikel *a/an* The indefinite article *a/an*	36	**75–77**
Mengenangaben Quantifiers	36	**78–83**
Mengenangaben bei zählbaren und nicht zählbaren Nomen Quantifiers with countable and uncountable nouns	36	**78**
***some* und *any* und ihre Zusammensetzungen** *some* and *any* and their compounds	37	**79–80**
„jede", „jeder" *everyone, every, each – any, anyone*	38	**81–82**
„keine", „keiner" *no one/nobody, no*	39	**83**
Andere Begleiter und Pronomen Other determiners and pronouns	39	**84–87**
Übersicht Overview	39	**84**
Reflexivpronomen Reflexive pronouns	40	**85–86**
Reflexivpronomen oder *each other/one another*?	41	**87**
ADJEKTIV UND ADVERB Adjective and adverb	42	
Das Adjektiv The adjective	42	**88–90**
Das Adverb The adverb	43	**91–94**
Adverb oder Adjektiv nach bestimmten Verben? Adverb or adjective after certain verbs?	44	**95**
PRÄPOSITIONEN Prepositions	45	
Bedeutung und Gebrauch Meaning and use	45	**96**
Präpositionen des Ortes und der Richtung Prepositions of place and movement	45	**97**
Präpositionen der Zeit Prepositions of time	47	**98**
Sonstige Präpositionen Other prepositions	48	**99**
Deutsche Präpositionen und ihre englischen Entsprechungen German prepositions and their English equivalents	49	**100**
KONJUNKTIONEN Conjunctions	50	
Bedeutung und Gebrauch Meaning and use	50	**101**
Nebenordnende Konjunktionen Coordinating conjunctions	50	**102**
Unterordnende Konjunktionen Subordinating conjunctions	50	**103**
SATZGEFÜGE Complex sentences	52	
Bedingungssätze Conditional sentences	52	**104–107**
Bestimmende Relativsätze Defining relative clauses	56	**108–110**
UNREGELMÄSSIGE VERBEN Irregular verbs	58	**111**
Grammatische Begriffe Grammatical terms	60	
Register Index	63	

Was enthält das Grammatikheft?

Es erklärt ausführlich den gesamten Grammatikstoff der Bände B3 und B4 des Lehrbuchs *English G 2000* für die Klassen 7 und 8. Außerdem enthält es die wichtigsten grammatischen Erscheinungen aus den Klassen 5 und 6.

Wie findest du, was du suchst?

Drei Verzeichnisse führen dich durch das Grammatikheft:

- Im **Inhaltsverzeichnis** (Seiten 3 und 4) kannst du nachschlagen, wenn du ein bestimmtes grammatisches Kapitel suchst.
  Beispiel: Du möchtest etwas über das Adverb wissen. Im Inhaltsverzeichnis findest du
  Das Adverb The adverb .... 43 **91–94**.
  Das Adverb wird also auf Seite 43 in den Abschnitten 91 bis 94 behandelt.

- Der **Wegweiser** ganz am Anfang des Grammatikheftes bezieht sich auf die Units des Lehrbuchs *English G 2000*, Bände B3 und B4.
  Im Wegweiser solltest du nachschlagen, wenn du wissen möchtest, in welchen Abschnitten des Grammatikheftes du den Grammatikstoff einer bestimmten Unit findest.
  Beispiel: **Band 3** **Unit 5** ***each other*** **87**
  bedeutet, dass du die Erläuterungen zu *each other* in Abschnitt 87 findest.

- Im **alphabetischen Register** am Ende des Grammatikheftes kannst du grammatische Strukturen und wichtige Wörter einzeln nachschlagen und feststellen, in welchen Abschnitten sie behandelt werden.

Was bedeuten die Zeichen und Abkürzungen?

Die Zahlen und Buchstaben nach einem Abschnitt sagen dir, wo dieses Thema in den Bänden B3 und B4 von *English G 2000* behandelt wird:

3:6 / 4:1 bedeutet **Band 3, Unit 6** und **Band 4, Unit 1**.

▶ *any:* 82 Der Pfeil ▶ verweist auf andere Abschnitte des Grammatikheftes, in denen du weitere Informationen zu dem gerade behandelten Thema findest. Das Beispiel links verweist auf Abschnitt 82, Thema *any*.

⚠ Hier stehen Hinweise, die du besonders beachten solltest, um Fehler zu vermeiden.

K Das „K" steht für „Kontrast". Du findest es immer dort, wo auf Unterschiede zwischen dem Englischen und dem Deutschen hingewiesen wird.

Z Das „Z" steht für „Zusatz". In den so gekennzeichneten Abschnitten findest du Zusatzinformationen. Du solltest dir auch diese Abschnitte gut ansehen, brauchst dir aber nicht unbedingt alles zu merken, was dort erklärt und gezeigt wird.

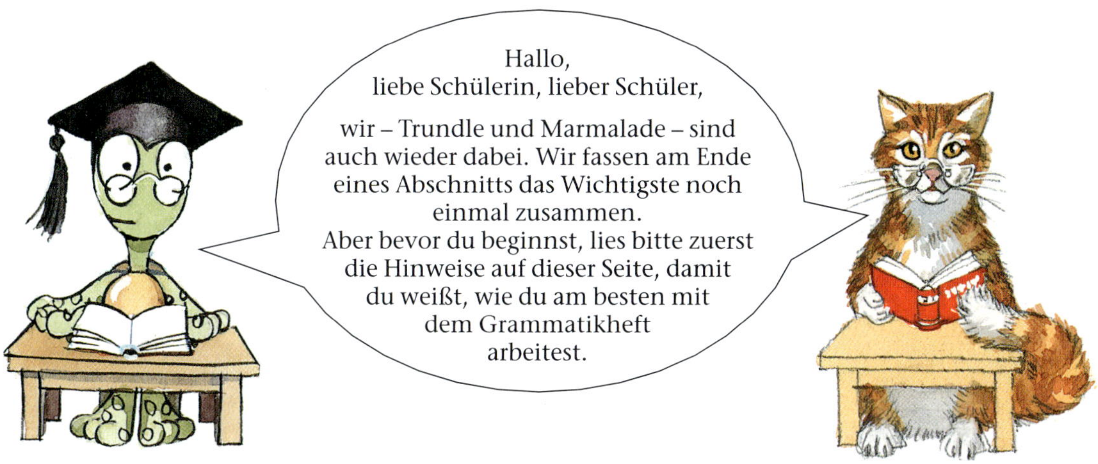

Wortstellung (Word order)

1 Bejahte Aussagesätze (Positive statements)

Subject	Verb*	Object
Megan Owen	can speak	Welsh.
Mr Owen	needs	a new job.

▶ Stellung des direkten und indirekten Objekts: 7–9

Die Wortstellung in bejahten Aussagesätzen ist ***subject*** (Subjekt) - ***verb*** (Prädikatskern)* - ***object*** (Objekt), kurz: **S - V - O.**

Z

Subject	Verb
Mr Owen	is working.

Subject	Verb	Adverbial
The Owens	are	from Wales.

Subject	Verb	Object	Adverbial
They	sold	their house	in April.

Natürlich gibt es im Englischen – wie im Deutschen auch – Sätze, die nicht (oder nicht nur) aus *subject, verb* und *object* bestehen. Aber **wenn** ein Objekt vorhanden ist, dann sind *verb* und *object* „unzertrennlich“ und es gilt: **S - V - O.**

K Megan and her father **are going to buy a flat**.
Megan und ihr Vater **werden eine Wohnung kaufen**.

When Mr Owen comes home, **Megan makes** tea.
Wenn Mr Owen nach Hause kommt, **kocht Megan** Tee.

In July **the Owens moved** to London.
Im Juli **zogen die Owens** nach London.

Megan **often makes breakfast**.
Megan **macht** oft **das Frühstück**.

▶ Stellung der Adverbien: 10–12

- Auch bei zusammengesetzten Zeiten ist die Wortstellung **S - V - O.**
- Die Wortstellung bleibt **S - V - ...**, auch wenn der Satz mit einer adverbialen Bestimmung *(When he comes home; In July)* beginnt.
- Adverbiale Bestimmungen *(often)* können **nicht** zwischen *verb* und *object* treten.

2 Verneinte Aussagesätze (Negative statements)

Subject	Verb		Object/Adverbial
	Auxiliary + **not**	Main verb	
Mr Owen	**isn't**	**sleeping.**	
Megan	**can't**	**speak**	German.
David	**hasn't**	**been**	to Chester before.
The Owens	**don't**	**live**	in Wales.

Auch in verneinten Aussagesätzen ist die Wortstellung **S - V - O.**

* Mit dem Wort ***verb*** bezeichnet man im Englischen nicht nur die **Wortart Verb**, sondern – wie hier – auch den **Prädikatskern** (das **Satzglied**).

Fragesätze (Questions)

3 Entscheidungsfragen (Yes/No questions)

Auxiliary	Subject	Main verb	Object/Adverbial
Is	**Mr Owen**	working?	
Can	**Megan**	speak	Welsh?
Has	**David**	been	to Chester?
Do	**they**	live	in Wales?

4:3

Entscheidungsfragen beginnen mit einem **Hilfsverb *(auxiliary)***, dann folgt das **Subjekt**. Die Wortstellung ist also *auxiliary - subject - main verb - … .*

Fragen mit Fragewörtern (Questions with question words)

4

Question word	Auxiliary	Subject	Main verb	Object/ Adverbial
Why	is	**Mr Owen**	working?	
Where	do	**the Owens**	live?	
When	did	**they**	sell	their house?
Why	hasn't	**David**	been	to Chester?
Who	did	**Megan**	meet	in London?

Fragen mit Fragewörtern haben dieselbe Wortstellung wie Entscheidungsfragen: *question word - auxiliary - subject - main verb - … .*

⚠ **Ausnahme:** Fragen nach dem Subjekt – ▶ 5

K

What is Mr Owen **working on**?	**Woran/An was** …?
Who did Megan **talk to**?	**Mit wem** …?
What are you **waiting for**?	**Worauf/Auf was** …?

Wenn man nach dem Objekt einer Präposition fragt, bleibt die Präposition – anders als im Deutschen – hinter dem Verb.

5 Fragen nach dem Subjekt (Subject questions)

	Subject	Verb	Object/Adverbial
Aussagesatz:	Megan	loves	music.
Fragesatz:	Who	loves	music?
Aussagesatz:	Megan's father	needs	a new job.
Fragesatz:	Whose father	needs	a new job?
	What	happened	yesterday?
	Which bus	goes	to Chester?
	How many kids	came	to your party?

Fragen nach dem Subjekt („Wer oder was?"-Fragen) werden **ohne *do/does/did*** gebildet. Das Fragewort *(who, what, whose …, which …)* ist Subjekt des Satzes, die Wortstellung ist wie in Aussagesätzen: **S** (= Fragewort) **- V - O.**

⚠

Subject questions	**Object** questions
Who talked to Megan? (**Hannah** talked to Megan.) **Wer** sprach mit Megan? – Hannah.	**Who** did Hannah **talk to**? (Hannah talked to **Megan**.) Mit **wem** sprach Hannah? – Mit Megan.
What caused the panic? **Was** verursachte die Panik? – Ein Löwe.	**What** did the lion **cause**? **Was** verursachte der Löwe? – Eine Panik.

4:3

Mit *who, whose, what* usw. kannst du nach dem Subjekt („Wer oder was?") oder nach dem Objekt („Wen/Wem oder was?") fragen. Nur in Fragen nach dem Objekt steht *do/does/did*.

Fragen nach dem Subjekt ohne *do/does/did*!

6 Nebensätze (Subordinate clauses)

Hauptsatz (Main clause)	Nebensatz (Subordinate clause)	Subject	Verb	Object/ Adverbial
Please tell me	where	Megan	lives.	
Dad will tell you	if	you	ask	him.
Megan says	that	she	likes	Hannah.
Megan was sad	when	they	moved	to London.

K Dad will tell you **if you ask him**. …, **wenn du ihn fragst**.

Die Wortstellung des Aussagesatzes gilt – anders als im Deutschen – auch für Nebensätze: **S - V - O**.

Die Stellung des indirekten und des direkten Objekts (The position of the indirect and direct object)

7

	Indirect object	Direct object	
I must **buy**	**my sister**	**a souvenir**.	
Ich muss	**meiner Schwester**	**ein Souvenir**	kaufen.
Our teacher **told**	**us**	**a great story**.	
Let's **send**	**mum and dad**	**a postcard**.	

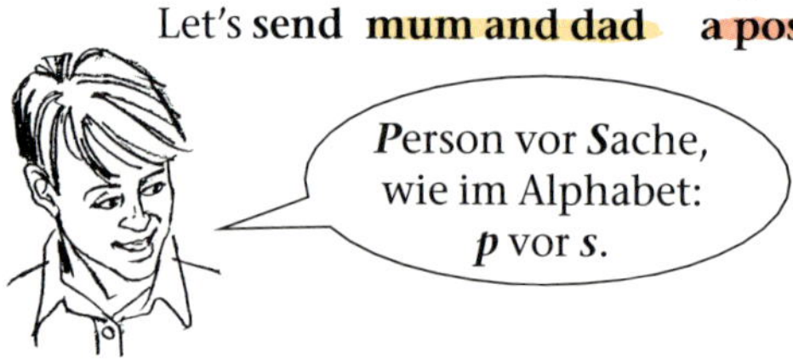

4:1

Wie im Deutschen gibt es im Englischen Verben, nach denen zwei Objekte stehen können: ein **Personenobjekt (indirektes Objekt)** und ein **Sachobjekt (direktes Objekt)**.
Die normale Wortstellung ist **Personenobjekt vor Sachobjekt:** *buy/give/send/tell/…* ***somebody something.***

8

	Direct object	to/for + indirect object
Look, a nice card. Let's **send**	**it**	to **mum and dad**.
I love jokes. I often **tell**	**them**	to **my friends**.
Isn't this a great pen? I **bought**	**it**	for **my dad**.

4:1

Wenn das **Sachobjekt ein Pronomen** ist *(it, them)*, steht es **direkt hinter dem Verb**. Das Personenobjekt wird dann mit *to* oder (bei den Verben *buy, cook, fetch, get, make, order*) mit *for* angeschlossen.

	Indirect object	Direct object	to/for + indirect object
Give	**your teacher**	**this letter**.	
Give	**her**	**this letter**.	
Give		**it**	to **your teacher**.
Give		**it**	to **her**.

◄ IM ÜBERBLICK

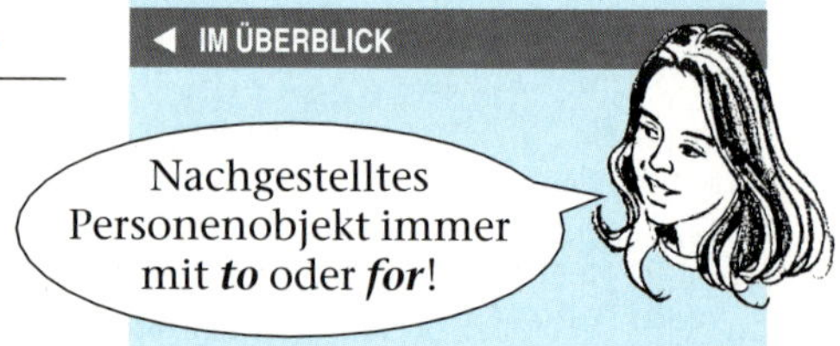

Z

Let's write letters to **our aunt und uncle in the USA**.
Sue sent a postcard to **her grandma** (not to her mum).
I bought that souvenir for **you** (not for your sister).

4:1

Die Wortstellung ist ebenfalls **Sachobjekt** - ***to/for*** - **Personenobjekt**, wenn
- das **Personenobjekt sehr lang** ist
- das **Personenobjekt besonders hervorgehoben** oder **betont** werden soll.

9

	Direct object	to + indirect object
Could you **explain**	**the rules**	to **me**?
Könntest du mir die Regeln erklären?		
Chris **didn't say**	**anything**	to **the others**.
Chris sagte den anderen nichts.		
We **reported**	**the accident**	to **the police**.
Wir meldeten den Unfall der Polizei.		

Glen, please **explain** to **us how the space suit works**.
Glen, erkläre uns bitte, wie der Raumanzug funktioniert.

4:1

Es gibt im Englischen eine Reihe von Verben, bei denen das **Personenobjekt immer mit *to* angehängt** wird. Zu diesen Verben gehören
describe sth. to sb. (beschreiben)
explain sth. to sb. (erklären)
report sth. to sb. (melden, berichten)
say sth. to sb. (sagen).

Dies gilt auch in den seltenen Fällen, in denen das Personenobjekt direkt auf das Verb folgt.

Die Stellung der Adverbien (The position of adverbs)

10 Adverbien der Häufigkeit / der unbestimmten Zeit (Adverbs of frequency / of indefinite time)

Adverbien der Häufigkeit und der unbestimmten Zeit *(already, always, ever, just, never, often, sometimes, soon, usually)* stehen gewöhnlich

American students **are** usually very busy.
It was only eleven o'clock, but he **was** already hungry.

- **nach** *am/are/is* und *was/were*

We sometimes **start** the day with a big breakfast.
I often **came** home late last month.

- direkt **vor** dem Vollverb (im *simple present* und *simple past*)

K You always **make the same mistakes**.
Du **machst** immer **dieselben Fehler**.
My parents never **go to the theatre**.
Meine Eltern **gehen** nie **ins Theater**.

⚠ Adverbien der Häufigkeit und der unbestimmten Zeit dürfen **nicht** zwischen *verb* und *object* oder *verb* und *adverbial* stehen!

My sister	**can**	never	remember people's names.
My brother	**didn't**	often	come home late last week.
I	**have**	just	finished my homework.
We	**will**	soon	be home.
This story	**will**	never	be forgotten.

- **nach** dem (ersten) Hilfsverb.

I don't want to go to that film – I've seen it before.
You seem to know this place. Have you been here before?
Have you done your homework yet? (schon)
The film hasn't started yet. (noch nicht)

4:5

⚠ **Ausnahmen:**
Die Adverbien ***before*** und ***yet*** stehen **am Satzende**.

Z Sometimes mum and dad give us a really big breakfast on Sunday morning. Often we're so full that we don't eat lunch!

4:5

Die Adverbien *sometimes* und *often* können auch am Anfang des Satzes stehen.

11 Adverbien der Art und Weise (Adverbs of manner)

	Verb	Object	Adverb of manner
The woman	**laughed**		loudly.
The waiter	**carried**	**the plates**	carefully.
The teachers	**watched**	**the pupils**	angrily.

K I **closed the door** quietly.
Ich **schloss** leise **die Tür**.

3:2

Adverbien der Art und Weise stehen gewöhnlich **nach dem Verb** bzw. **nach dem Objekt**.

⚠ Adverbien der Art und Weise dürfen im Englischen **nicht** zwischen *verb* und *object* stehen!

12 Adverbien/Adverbiale Bestimmungen des Ortes und der Zeit (Adverbs/Adverbials of place and time)

	Adverb/Adverbial of place	Adverb/Adverbial of time
Can we play	outside / in the park?	
I felt terrible		yesterday.
We went	to a pop concert	last night.
Our team meets	in the gym	every Friday.

K We're going to **buy a new stereo** tomorrow.
Wir **kaufen** morgen **eine neue Stereoanlage**.

K On Saturdays **my father washes** the car.
Samstags **wäscht mein Vater** das Auto.

	Adverb of manner	Adverbial of place	Adverbial of time
Sampras played	well	at Wimbledon	last year.

Adverbien dürfen nicht zwischen *verb* und *object* stehen.

Im Englischen stehen Orts- und Zeitangaben **meist am Satzende**.

Wenn ein Satz eine Orts- und eine Zeitangabe enthält, gilt gewöhnlich: **Ort vor Zeit** *(place before time)* – wie im Alphabet: **O vor Z** *(p before t)*.

⚠ Orts- und Zeitangaben stehen im Englischen **nie** zwischen *verb* und *object*.

Manchmal will man die Zeitangabe an den Anfang des Satzes stellen. Die Wortstellung bleibt dann trotzdem – anders als im Deutschen – **S-V-O**.

◀ **IM ÜBERBLICK**

Wenn verschiedene Adverbien bzw. Adverbialbestimmungen am Satzende zusammenkommen, gilt gewöhnlich die Reihenfolge ***manner* – *place* – *time***, also wie im Alphabet: ***m* vor *p* vor *t***.

Das Verb (The verb)

Verbarten (Types of verbs)

13 Vollverben (Full verbs)

Megan likes Wales.
The children made dinner last night.

Vollverben können **allein** – d.h. ohne ein weiteres Verb – im Satz auftreten.

Infinitiv (Infinitive)	(to) ask, (to) carry, (to) give, (to) run
-s-Form (-s form) für die 3. Pers. Sing.	asks, carries, gives, runs
-ing-Form (-ing form) Gerundium (Gerund) Partizip Präsens (Present participle)	asking, carrying, giving, running
Simple past-Form (Simple past form)	asked, carried, gave, ran
Partizip Perfekt (Past participle)	asked, carried, given, run

Von jedem englischen Vollverb kannst du fünf Formen bilden.

14 Modale Hilfsverben (Modal auxiliaries / Modals)

I'm glad I wasn't born in France. – Why? – I can't speak French.

May I **come** in?
Darf ich hereinkommen?
Megan can **speak** Welsh.
Megan kann Walisisch (sprechen).
We must **go** home now.
Wir müssen jetzt nach Hause (gehen).

Modale **Hilfsverben** werden immer **in Verbindung mit einem Vollverb** gebraucht.

can	must	shall
could	mustn't	should
may	needn't	will
might	ought to	would

▶ Modale Hilfsverben: 16–28

Diese modalen Hilfsverben gibt es im Englischen.

15 *be, do, have*

Vollverb	Hilfsverb
Megan is nice.	Mr Owen is **working**.
Megan did the housework yesterday.	Did you **see** Megan? – No, I didn't (**see** her).
The Owens have dinner at 6.	The Owens have **moved** to London.

Die Verben *be, do* und *have* können Vollverben oder Hilfsverben sein.
Als Hilfsverben werden sie zur Bildung der Zeitformen des Vollverbs verwendet.

Modale Hilfsverben (Modal auxiliaries / Modals)

16 Gebrauch (Use)

Hannah **can** help Megan.
Hannah **kann** Megan helfen.
My sister **must** stay in bed for a few days.
Meine Schwester **muss** ein paar Tage im Bett bleiben.
You **mustn't** smoke here.
Sie **dürfen** hier **nicht** rauchen.
You **should** ask your teacher.
Du **solltest** deine Lehrerin fragen.

Modale Hilfsverben drücken aus, dass etwas sein oder geschehen **kann, muss, darf** oder **soll**.

You mustn't smoke here.

Formen (Forms)

17 Besonderheiten (Special features)

You **can** go now.

I **can** swim. / She **can** swim.

Can you swim? – No, I **can't** swim.

- Auf das modale Hilfsverb folgt der **Infinitiv ohne *to*.**
- Es gibt **keine Endungen** auf *-s, -ing* oder *-ed*.
- Frage und Verneinung werden **ohne *do/does/did*** gebildet.

Emily **can't** drive yet. She's only 16. But she'**ll be allowed to** drive a car next year when she's 17.
Emily kann/darf noch nicht Auto fahren. ... Aber sie wird nächstes Jahr ein Auto fahren dürfen, ...
She **must** wait another six months before she can learn to drive. She'll **have to** practise a lot if she wants to pass her driving test.
Sie muss noch sechs Monate warten ... . Sie wird viel üben müssen, wenn sie ihre Fahrprüfung bestehen will.
Her parents may **be able to** help her.
Ihre Eltern können ihr vielleicht helfen.

▶ Ersatzverben: 18–20

3: 5

- Modale Hilfsverben haben **nur eine *present tense*-Form** (*can, may, must* usw.)*. Daher können modale Hilfsverben zusammengesetzte Zeitformen wie *will-future* oder *present perfect* nicht bilden. Zu bestimmten modalen Hilfsverben gibt es jedoch ein **„Ersatzverb"** mit ähnlicher Bedeutung, von dem du den Infinitiv, die *-ing*-Form und alle Zeitformen bilden kannst.

* Das Modalverb *can* hat auch eine *past tense*-Form: *could*.

18 *can – be able to* (können)

Present tense	I **can** swim. I'**m able to** swim.	He **can't** swim. He **isn't able to** swim.
Past tense	I **could** swim. I **was able to** swim.	He **couldn't** swim. He **wasn't able to** swim.
Present perfect	I'**ve been able to** swim.	He **hasn't been able to** swim.
will-future	I'**ll be able to** swim.	He **won't be able to** swim.

3: 5

- Im *present* ist *can* gebräuchlicher als *am/are/is able to*.
- *can* kann sich auch auf die Zukunft beziehen: *We can play chess tonight.*
- *could* wird vor allem in verneinten Sätzen und in Fragen verwendet.
- *could* kann auch „könnte(n)" bedeuten: *We could play chess tonight.* Es bezieht sich dann auf Gegenwart oder Zukunft und kann nicht durch *was/were able to* ersetzt werden.

19 *can/may – be allowed to* (dürfen) *can't/mustn't – be not allowed to* (nicht dürfen)

Present tense	I **can** go. I**'m allowed to** go.	He **can't/mustn't** go. He **isn't allowed to** go.
Past tense	I **could** go. I **was allowed to** go.	He **couldn't** go. He **wasn't allowed to** go.
Present perfect	I**'ve been allowed to** go.	He **hasn't been allowed to** go.
will-future	I**'ll be allowed to** go.	He **won't be allowed to** go.

3: 5

- Für sehr höfliche Bitten um Erlaubnis verwendet man Fragen mit *May I … / May we …?*: *May I use your phone, please?*
- *can* und *may* können sich auch auf die Zukunft beziehen: *Can/May I go to the cinema tomorrow?*
- *could* wird vor allem in verneinten Sätzen und in Fragen verwendet.

20 *must – have to* (müssen) *needn't – not have to* (nicht müssen/brauchen)

Present tense	I **must** go. I **have to*** go.	He **needn't** go. He **doesn't have to** go.
Past tense	I **had to** go.	He **didn't have to** go.
Present perfect	I**'ve had to** go.	He **hasn't had to** go.
will-future	I**'ll have to** go.	He **won't have to** go.

*Im Präsens findest du statt *have to* auch *have got to*: *I've got to stay at home. You haven't got to stay in bed. Have you got to go now? – Yes, I have. / No, I haven't.*

- Für das deutsche „müssen" wird *have to** sehr viel häufiger verwendet als *must*.

⚠ Fragen und Verneinungen mit *have to* werden im *simple present* und *simple past* mit einer Form von *do* gebildet: *Do you have to go now? – Yes, I do. Did you have to tell Mum about it? She doesn't have to leave now.*

- *must* kann sich auch auf die Zukunft beziehen: *I must get up early tomorrow.*

Nicht verwechseln:

- ***You needn't go.* = „Du brauchst nicht zu gehen." „Du musst nicht gehen."**
- ***You mustn't go.* = „Du darfst nicht gehen."**

Übersicht: Was drücken modale Hilfsverben aus? (Overview: What do modal auxiliaries express?)

Mit **modalen Hilfsverben** kannst du ganz **unterschiedliche Sprechabsichten** ausdrücken. Schau dir die folgende Übersicht an. (▶ 21–28)

21 Fähigkeit (Ability) – *can, could, be able to*

My grandpa **can** walk / **is able to** walk on his hands.
Mein Opa **kann** auf den Händen laufen.

My sister **could** read / **was able to** read when she was four years old.
Meine Schwester **konnte** lesen, als sie vier Jahre alt war.

Do you think we**'ll be able to** stop pollution?
Glaubst du, wir **werden** die Umweltverschmutzung stoppen **können**?

3: 5

Grandpa can walk on his hands.

22 Erlaubnis (Permission) – *can, may, could, be allowed to* Verbot (Prohibition) – *mustn't, can't, be not allowed to*

Ellie **can** watch / **is allowed to** watch TV until 11 o'clock.
Ellie **kann/darf** bis 11 Uhr fernsehen.
When I was 12, I **couldn't** watch / **wasn't allowed to** watch TV after 9. ..., **durfte** ich nach 21 Uhr **nicht** fernsehen.
Can/May we feed the animals?
– Sorry, you **mustn't/can't** feed them.
Können/Dürfen wir die Tiere füttern?
– Es tut mir Leid, ihr **dürft/könnt** sie leider **nicht** füttern.

3:5

Ellie can watch TV until 11 o'clock.

23 Notwendigkeit, Zwang (Necessity, strong obligation) – *must, have to, needn't*

We **must** answer / **have to** answer questions 1, 2 and 4.
Wir **müssen** die Fragen 1, 2 und 4 beantworten.
But we **needn't** answer question 3.
Aber wir **müssen** Frage 3 **nicht** beantworten. / ... **brauchen** Frage 3 **nicht** zu beantworten.
I **had to** work hard to pass my exams.
Ich **musste** hart arbeiten, um meine Prüfungen zu bestehen.

He had to work hard to pass his exams.

24 Verpflichtung, Ratschlag (Obligation, advice) – *should, ought to*

Sophie isn't very well. She **should** go / **ought to** go and see a doctor. ... Sie **sollte** zum Arzt gehen.
You **shouldn't** talk / **oughtn't to** talk so loudly. You'll wake up the baby. Du **solltest nicht** so laut reden. ...

4:4 (S. 137)

Die Verneinung *oughtn't to* klingt sehr förmlich und ist daher eher selten.

25 Bitte, Aufforderung (Request) – *can, could, would*

Can/Could/Would you close the window, please?
Können/Könnten/Würden Sie bitte das Fenster schließen?

26 Vorschlag, Angebot (Suggestion, offer) – *Shall I/we ...?*

Shall we take the bus, or **shall** I phone for a taxi?
Sollen wir den Bus nehmen, oder **soll** ich ein Taxi bestellen?

27 Möglichkeit (Possibility) – *can, may, might, could*

Lucy is late. Where **can/could** she be?
... Wo **kann/könnte** sie sein?
– She **may** be ill. **Vielleicht** ist sie krank.
– She **might/could** be ill. Sie **könnte (vielleicht)** krank sein.

3:3 (S. 139) / 3:5 (S. 149)

28 Vermutung, Wahrscheinlichkeit, Schlussfolgerung (Assumption, probability, deduction) – *should, ought to, must, can't*

He left an hour ago. He **should** be / **ought to** be home by now. Er **sollte/müsste eigentlich** jetzt zu Hause sein.
That boy over there **must** be Jessica's brother.
– No, he's much too old. He **can't** be her brother.
... **muss** Jessicas Bruder sein. – ... **kann nicht** ihr Bruder sein.

3: 5 (S. 149) / 4: 4 (S. 137)

Die folgende Übersicht enthält Langformen *(She is asking; She will not ask)*. Beim Sprechen – oder wenn du gesprochene Sprache schriftlich wiedergibst – werden meist Kurzformen benutzt *(She's asking; She won't ask)*.

Das Vollverb (The full verb)

29 Die Zeiten – Übersicht (The tenses – overview)

		Active	Passive ▶ 55–57
Present tense	Simple present ▶ 30, 31, 35, 52	She asks She does not ask Does she ask?	She is asked She is not asked Is she asked?
	Present progressive ▶ 32–35, 52	She is asking She is not asking Is she asking?	
Past tense	Simple past ▶ 36, 37, 43	She asked She did not ask Did she ask?	She was asked She was not asked Was she asked?
	Past progressive ▶ 38, 39	She was asking She was not asking Was she asking?	
Present perfect	Present perfect (simple) ▶ 40–43	She has asked She has not asked Has she asked?	
	Present perfect progressive ▶ 44, 45	She has been asking She has not been asking Has she been asking?	
Past perfect	▶ 46, 47	She had asked She had not asked Had she asked?	
Future	*will*-future ▶ 48, 49, 52	She will ask She will not ask Will she ask?	She will be asked She will not be asked Will she be asked?
	going to-future ▶ 50–52	She is going to ask She is not going to ask Is she going to ask?	

Die einfache Form der Gegenwart (The simple present)

30 Bildung (Form)

I You	play	I You	do not play	Do	I you	play?
He She It	plays	He She It	does not play	Does	he she it	play?
We You They	play	We You They	do not play	Do	we you they	play?

Das *simple present* hat die Form des Infinitivs. Nur in der 3. Person Singular wird *-(e)s* angehängt.

31 Gebrauch (Use)

Das ***simple present*** wird verwendet,

Megan starts school at ten past nine. She **usually** gets up at 7.45. She leaves the house at 8.45. She **never** walks, she **always** takes the bus. **At the weekends** she **often** goes to Camden Lock Market with her friends.

- um auszudrücken, dass etwas **wiederholt** (regelmäßig, immer, jedes Wochenende, oft, manchmal) oder **nie** geschieht. Oft findest du Zeit- und Häufigkeitsangaben wie *every morning, on Fridays, in the evenings, never, always, often, usually, sometimes* in *simple present*-Sätzen.

First Megan does Geography. **Then** she goes to Maths. **After that** she goes to the gym for PE.

- um **mehrere aufeinander folgende Handlungen** zu beschreiben. In solchen Sätzen findest du oft Wörter wie *first, then* und *after that.*

Light travels faster than sound.
Add yellow to blue and you get green.

- wenn man sagen will, dass etwas **immer so ist.**

Hannah will phone you **when** she gets home.
You'll have to wait **till** the bank opens.

▶ Bedingungssätze I: 105

- in **Nebensätzen der Zeit**, die sich auf die **Zukunft** beziehen. (Im Hauptsatz meist: *will-future.*)

Don't be so slow! The film starts at 8!
When does the next train to Manchester leave?
The club meets in an hour, and you're not ready!

▶ Möglichkeiten, über zukünftige Ereignisse zu reden: 52

3: 7

- wenn man ausdrücken will, dass etwas **Zukünftiges** durch einen **Fahrplan**, ein **Programm**, einen **Kalender** oder Ähnliches festgelegt ist. (Manchmal spricht man hier vom *simple present* als *timetable future.*)

simple present:

- **wenn jemand etwas regelmäßig, oft (z.B. als Hobby) oder nie tut**
- **für mehrere aufeinander folgende Handlungen**
- **wenn etwas immer so ist**
- **in Nebensätzen der Zeit, die sich auf die Zukunft beziehen**
- **für Zukünftiges, das durch einen Fahrplan oder Ähnliches festgelegt ist.**

Die Verlaufsform der Gegenwart (The present progressive)

32 Bildung (Form)

I am playing	I am not playing	Am I playing?
You are playing	You are not playing	Are you playing?
He / She / It is playing	He / She / It is not playing	Is he / she / it playing?
We are playing	We are not playing	Are we playing?
usw.		

Das *present progressive* wird mit einer **Form von *be (am/are/is)* + *-ing form*** gebildet.

33 Gebrauch (Use)

Look, Megan is on the phone. She's talking to her friend Hannah.

HANNAH Hi, Megan. What are you doing?
MEGAN I'm writing a letter to my cousin.
HANNAH Aren't you watching 'Top of the Pops'?
MEGAN No, I'm not. My cousin is waiting for the letter. I have to finish it today.

Das ***present progressive*** wird verwendet,

- um auszudrücken, dass **jemand gerade etwas tut** oder dass **etwas noch im Verlauf** und **noch nicht abgeschlossen** ist: Megan telefoniert gerade mit Hannah. Sie sagt, dass sie gerade dabei ist, einen Brief zu schreiben. (Sie hat zwar das Schreiben gerade unterbrochen, aber der Brief ist noch nicht fertig – sie wird nach dem Telefonat mit Hannah weiterschreiben.) Häufige Zeitangaben sind *now, at the moment, just* („gerade"), *still* („noch").

- wenn etwas **für die Zukunft fest geplant bzw. verabredet** ist: Megan ist am kommenden Samstag fest mit Bert verabredet. (Durch eine Zeitangabe wie *next Saturday* oder aus dem Zusammenhang muss deutlich sein, dass es um etwas Zukünftiges geht.)

▶ Möglichkeiten, über zukünftige Ereignisse zu reden: 52 **3:6 / 3:7**

present progressive:

- **wenn jemand gerade dabei ist, etwas zu tun, oder wenn etwas noch im Verlauf und noch nicht abgeschlossen ist**
- **wenn etwas für die Zukunft fest geplant oder verabredet ist.**

34 ⚠

Es gibt eine Reihe von Verben, die normalerweise **nicht in der *progressive form*** verwendet werden, weil sie keine Tätigkeiten beschreiben:

be sein **cost** kosten **have** haben, besitzen **look** aussehen **mean** bedeuten	**need** brauchen **seem** *zu sein/tun* scheinen **smell** riechen, stinken **sound** klingen, sich anhören	• Verben, die Zustände, Eigenschaften oder Besitzverhältnisse beschreiben
agree übereinstimmen **believe** glauben **imagine** sich vorstellen **know** wissen, kennen **remember** sich erinnern (an) **see** verstehen, einsehen	**suppose** annehmen, vermuten **think** glauben, meinen **understand** verstehen **wonder** sich fragen	• Verben des Meinens, Wissens und Vermutens
hate hassen **like** mögen **love** lieben, sehr mögen	**prefer** lieber mögen, vorziehen **want** wollen, haben wollen	• Verben des Mögens, Nichtmögens und Wollens
feel fühlen **hear** hören	**notice** bemerken **see** sehen	• Verben der Sinneswahrnehmung

35 *Simple present* oder *present progressive*?

simple present	**present progressive**

Sophie Valentine **writes** poems. Sophie Valentine schreibt Gedichte.	Sophie Valentine **is writing** some new poems. Sophie Valentine schreibt (gerade) einige neue Gedichte.

simple present:
wiederholt, regelmäßig, als Hobby oder Beruf

present progressive:
gerade jetzt, noch im Verlauf, noch nicht abgeschlossen

◄ IM ÜBERBLICK

Mit dem deutschen Satz „Sophie schreibt Gedichte" kannst du zwei verschiedene Dinge ausdrücken:
- dass das Schreiben von Gedichten Sophies Beruf oder Hobby ist *oder*
- dass Sophie gerade dabei ist, Gedichte zu schreiben.

Im Englischen gibt es dafür das *simple present* und das *present progressive*:
- Mit dem ***simple present*** drückst du aus, dass Sophie **regelmäßig** Gedichte scheibt. Das Schreiben von Gedichten ist ihr Beruf oder Hobby.
- Mit dem ***present progressive*** drückst du aus, dass Sophie **jetzt gerade** dabei ist, Gedichte zu schreiben.

Die einfache Form der Vergangenheit (The simple past)

36 Bildung (Form)

I		I			I	
You		You			you	
He		He			he	
She	played	She	did not play	Did	she	play?
It	sang	It	did not sing	Did	it	sing?
We		We			we	
You		You			you	
They		They			they	

Die *simple past*-Form der **regelmäßigen Verben** wird gebildet, indem du ***-ed*** an den Infinitiv anhängst. Es gibt für alle Personen nur eine Form. **Unregelmäßige Verben** haben eine eigene *simple past*-Form.

▶ Liste der unregelmäßigen Verben: 111

37 Gebrauch (Use)

My sister played in a band **last year**.
Did you watch 'Top of the Pops' **yesterday**?
– No, I didn't. I wasn't at home.
When did you buy that dress? And where did you get it?
– I think I bought it **two weeks ago**, at 'Fashion 2000'.
When I was a child we always went to Italy in the summer.

Das ***simple past*** wird verwendet,

- um auszudrücken, dass etwas zu einem **bestimmten Zeitpunkt** (Frage: **„wann?“**) oder in einem bestimmten **abgeschlossenen Zeitraum** in der **Vergangenheit** geschehen ist. Oft findest du Zeitangaben wie *yesterday, last year, a week ago, in 1997, on May 8th, when I was a child* sowie das Fragewort *when* in *simple past*-Sätzen.
- um über **vergangene Ereignisse** zu **berichten** oder eine **Geschichte** zu **erzählen**.

Tiger in City Centre

Yesterday afternoon a tiger escaped from Chester Zoo. The animal walked into the city centre and shocked hundreds of Christmas shoppers. Children started to cry and people tried to escape into shops and cafés. The police were called, and after two hours they finally caught the animal in front of a pet shop. It was taken back to the zoo at once.

▶ Das *simple past* im Bedingungssatz II: 106

3: 1 / 4: 1

K

My sister **played** in a band **last year**.
Meine Schwester **hat** letztes Jahr in einer Band **gespielt**.
oder: Meine Schwester **spielte** letztes Jahr in einer Band.

When **did** you **phone** your parents?
Wann **hast** du deine Eltern **angerufen**?

Im Deutschen benutzen wir oft das Perfekt, wenn wir sagen, **wann** etwas getan wurde oder geschah.
Im Englischen **muss** in diesen Fällen das ***simple past*** stehen.

▶ *Present perfect* oder *simple past*?: 43

simple past:

- **wenn du sagst, <u>wann</u> jemand etwas getan hat oder <u>wann</u> etwas geschah**
- **wenn du über Vergangenes berichtest und Geschichten erzählst.**

Die Verlaufsform der Vergangenheit (The past progressive)

38 Bildung (Form)

I was playing You were playing	I was not playing You were not playing	Was I playing? Were you playing?
He She was playing It	He She was not playing It	he Was she playing? it
We You were playing They	We You were not playing They	we Were you playing? they

Das *past progressive* wird mit ***was/were* + *-ing form*** gebildet.

39 Gebrauch (Use)

Das ***past progressive*** wird verwendet,

- um auszudrücken, dass zu einer **bestimmten Zeit** in der **Vergangenheit** eine Handlung oder ein Vorgang **gerade im Gange** und **noch nicht abgeschlossen** war.

Four people were waiting in the bank,

when suddenly a man with a gun **came** in.

past progressive — simple past

- um zu sagen, was **gerade vor sich ging**, als etwas anderes passierte.

Z Birds were singing and dogs were playing in the park. People were sitting on benches and talking. Suddenly there **was** a loud noise and everything **changed**. …

Oft findest du das *past progressive* in Berichten und Erzählungen: Es beschreibt dann die Situation oder „Szene", in der etwas geschah.

▶ Verben, die normalerweise nicht in der *progressive form* verwendet werden: 34

3:3

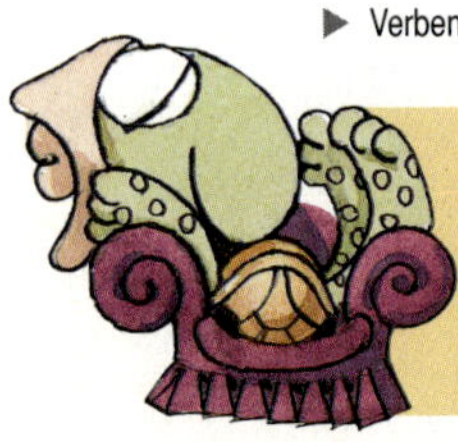

past progressive:

wenn etwas zu einer bestimmten Zeit in der Vergangenheit gerade im Gange und noch nicht abgeschlossen war.

Das Perfekt (The present perfect)

40 Bildung (Form)

I You	have		I You	have not		Have	I you	
He She It	has	played sung	He She It	has not	played sung	Has	he she it	played? sung?
We You They	have		We You They	have not		Have	we you they	

Das *present perfect* wird mit ***have/has*** + **Partizip Perfekt** *(past participle)* gebildet.

▶ Liste der unregelmäßigen Verben: 111

41 Gebrauch (Use)

There **have been** a lot of accidents in our street.
I**'ve just come** back from a trip to Wales.
Harry **hasn't phoned**, so I don't know where he is.
Where's Glen? – He **hasn't arrived yet**. We're still waiting for him.
Have you **ever tried** Greek food?
– No, I **haven't**. / Yes, I **have**.

3: 1 / 4: 2

'Hello, we've just moved in next door and to save time we've done this video of our lives so far.'

next door *nebenan*
(to) save time *Zeit sparen* so far *bis jetzt*

Das ***present perfect*** wird verwendet,

- um auszudrücken, **dass** (nicht: wann) **etwas geschehen ist**. Der genaue Zeitpunkt ist unwichtig (oder nicht bekannt) und wird nicht genannt. Oft hat das Geschehen Auswirkungen auf die Gegenwart oder Zukunft (ich weiß nicht, wo Harry ist; wir warten noch auf Glen). Oft findest du unbestimmte Zeitangaben wie *already, always, before, ever, just, never, often, (not …) yet* in *present perfect*-Sätzen.

How long have you **been** here?
– **Since 1998.** / **For 18 months.**
Wie lange **bist** du schon hier? – Seit 1998. / Seit 18 Monaten.
Mr Smith **has had** the same job **for years**.
Herr Smith **hat** (schon) seit Jahren denselben Job.
I **haven't seen** Tom **since his accident**.
Ich habe Tom seit seinem Unfall nicht (mehr) gesehen. 4: 2

▶ *since* und *for*: 42
▶ *Present perfect* oder *simple past*?: 43

- um auszudrücken, dass ein **Zustand in der Vergangenheit begonnen hat** und **jetzt noch andauert**. Im Deutschen benutzt man dafür oft das Präsens.

present perfect:

- **wenn du sagen willst, dass jemand etwas getan hat oder dass etwas geschehen ist**
- **wenn du sagen willst, dass ein Zustand in der Vergangenheit begonnen hat und jetzt noch andauert.**

42 *since* und *for*

Glen **has been** in the library **since two o'clock**. ... seit zwei Uhr ...	Glen **has been** in the library **for three hours**. ... seit drei Stunden ... / ... schon drei Stunden lang ... *Nie:* ... ~~since three hours~~

Du verwendest das ***present perfect* mit *since*** bzw. ***for***, wenn du sagen willst, **seit wann oder wie lange ein Zustand schon andauert**:

- Mit ***since*** drückst du aus, **wann** (zu welchem Zeitpunkt) der Zustand begonnen hat.

since + Zeitpunkt

- Mit ***for*** drückst du aus, **wie lange** der Zustand schon andauert.

for + Zeitraum

Also gibt es für „**seit**" im Englischen zwei Wörter: ***since*** und ***for***.

Genau: ***since*** mit dem **i-Punkt** für Zeit**punkte** und ***for*** mit dem „**r**" für Zeit**r**äume.

K We'**ve had** a dog **since 1997**. *Nie:* ~~We have a dog since 1997~~.
Wir **haben seit 1997** einen Hund.

I'**ve known** Rebecca **for ten years**. *Nie:* ~~I know her for ten years~~.
Ich **kenne** Rebecca (schon) **seit zehn Jahren**.

4: 2

Im Deutschen steht „seit" oft mit dem Präsens, wenn wir sagen, wie lange etwas schon andauert.
Im Englischen **muss** das ***present perfect*** stehen.

43 *Present perfect* oder *simple past*?

present perfect	**simple past**
Why isn't Megan here? **Has** she **moved**? – Yes, she **has**.	She **moved** to London **in the summer**.
How long has she **lived** in London? – **Since 1998**.	**When did** she **move** to London? – **In 1998**.

3: 1

IM ÜBERBLICK

- Jemand fragt, **ob** Megan weggezogen ist (nicht: wann) → ***present perfect***.
  Es wird bestätigt, **dass** sie weggezogen ist *(Yes, she has.)* → ***present perfect***.
  Und dann wird gesagt, **wann** das war *(in the summer)* → ***simple past***.
- **„Seit wann ...?" / „Wie lange ...?"** → ***present perfect***
  „Wann ...?" / „Zu welchem Zeitpunkt ...?" → ***simple past***

Z

Die Verlaufsform des Perfekts (The present perfect progressive)

44

Bildung (Form)

Das *present perfect progressive* wird mit ***have/has* + *been* + *-ing form*** gebildet.

I You	have	been playing	I You	have not	been playing	Have	I you	been playing?
He She It	has	been playing	He She It	has not	been playing	Has	he she it	been playing?
We You They	have	been playing	We You They	have not	been playing	Have	we you they	been playing?

45

Gebrauch (Use)

The kids have been playing cards **all day**.
Die Kinder spielen schon den ganzen Tag Karten.
Glen has been doing his homework **since 3 o'clock**.
Glen macht seit 3 Uhr seine Hausaufgaben.
Sophie has been trying to learn Spanish **for years**.
Sophie versucht seit Jahren, Spanisch zu lernen.

Das ***present perfect progressive*** wird verwendet, um auszudrücken, dass **eine Handlung oder ein Vorgang in der Vergangenheit begonnen hat** und bis (oder fast bis) **in die Gegenwart andauert.**
Wenn du sagen willst, **seit wann oder wie lange** die Handlung/der Vorgang schon andauert, verwendest du Zeitangaben mit ***since*** bzw. ***for***.
Im Deutschen benutzt man dafür meist das Präsens.

4: 2
▶ *since* und *for*: 42
▶ Verben, die normalerweise nicht in der *progressive form* verwendet werden: 34

present perfect progressive:

wenn du sagen willst, dass eine Handlung oder ein Vorgang in der Vergangenheit begonnen hat und jetzt noch andauert.

Das Plusquamperfekt (The past perfect)

46 Bildung (Form)

I		I			I	
You		You			you	
He		He			he	
She	had played	She	had not played	Had	she	played?
It	had sung	It	had not sung	Had	it	sung?
We		We			we	
You		You			you	
They		They			they	

Das *past perfect* wird mit ***had*** **+ Partizip Perfekt** *(past participle)* gebildet.

▶ Liste der unregelmäßigen Verben: 111

K I **had** never **tried** Indian food before. It was great!
Ich **hatte** vorher noch nie indisches Essen **probiert**. …
Katie was angry. Her train **had** already **left**.
Katie war wütend. Ihr Zug **war** schon **abgefahren**.

Im Deutschen wird im Plusquamperfekt „hatte" oder „war" verwendet. Im Englischen steht immer ***had***.

47 Gebrauch (Use)

Amy had already gone home when we arrived at the party **at 10 o'clock**.
Amy war schon nach Hause gegangen, als wir um 10 Uhr auf der Party ankamen.

yesterday, **before** 10 o'clock	yesterday, 10 o'clock — NOW
	(We **arrived** at the party at 10 o'clock.)
past perfect	**simple past**
Amy had already gone home	when we **arrived** at the party **at 10 o'clock**.

Das ***past perfect*** (Plusquamperfekt, **Vor**vergangenheit) wird verwendet, um auszudrücken, dass etwas bereits **vor** einem Zeitpunkt in der Vergangenheit stattgefunden hatte.

Das *simple past* drückt aus, dass etwas zu einem bestimmten Zeitpunkt in der Vergangenheit stattfand: *Gestern Abend kamen wir um 10 Uhr auf der Party an.*
Vorher war bereits etwas anderes geschehen: *Amy war schon nach Hause gegangen.* → ***past perfect.***

⚠ (1) The lesson **had started** when Glen arrived.
Der Unterricht **hatte begonnen**, als Glen kam.
(2) The lesson **started** when Glen arrived.
Der Unterricht **begann**, als Glen kam.

In Satz 1 hatte der Unterricht bereits begonnen, als Glen kam.
In Satz 2 begann er erst, als Glen kam.

After grandpa's train had left, we went home.
oder: After grandpa's train left, we went home.

Wenn die Reihenfolge der Ereignisse klar ist, steht nach *after* oft das *simple past* anstelle des *past perfect*.

3: 6 / 4: 1

▶ Das *past perfect* im Bedingungssatz III: 107

past perfect:

wenn du sagen willst, dass eine Handlung bereits vor einer anderen Handlung stattgefunden hatte.

Das Futur mit *will* (The *will*-future)

48 Bildung (Form)

I / You / He / She / *usw.* **will play**	I / You / He / She **will not play**	**Will** I / you / he / she **play?**

Das *will-future* wird mit ***will*** **+ Infinitiv** gebildet. (Beachte: Die Kurzform von *will not* ist *won't*: *I/You/He/… won't play.*)

49 Gebrauch (Use)

Das ***will-future*** wird verwendet,

My mother **will be** 40 next year.

- um über **nicht beeinflussbare zukünftige Ereignisse** zu sprechen.

I suppose the weather **will be** fine tomorrow.
You **won't get** much money for your old computer.
Hannah **will phone** you **when** she **gets** home.
If you **come** to my party tomorrow, you**'ll meet** Sue.

▶ Bedingungssätze I: 105

- um **Vermutungen** über die Zukunft zu äußern oder **Vorhersagen** zu machen. (In Nebensätzen der Zeit und in *if*-Sätzen steht nicht das *will-future*, obwohl sie sich auf die Zukunft beziehen.)

Tea or coffee? – I think I**'ll have** tea, please.
These bags are really heavy. – I**'ll carry** them for you.
I can't do all that work myself. – Don't worry. We**'ll help** you.

3:7 / 4:4 (S. 135)

- wenn man auf eine bestimmte Situation reagiert und einen **spontanen (nicht geplanten) Entschluss** fasst. Oft handelt es sich dabei um **Angebote** oder **Versprechen**.

Das Futur mit *going to* (The *going to*-future)

Das *going to-future* wird mit ***am/are/is going to*** **+ Infinitiv** gebildet.

50 Bildung (Form)

I **am going to play**	I **am not going to play**	**Am** I **going to play?**
You **are going to play**	You **are not going to play**	**Are** you **going to play?**
He / She / It **is going to play**	He / She / It **is not going to play**	**Is** he / she / it **going to play?**
We **are going to play**	We **are not going to play**	**Are** we **going to play?**
usw.		

51 Gebrauch (Use)

Das ***going to-future*** wird verwendet,

We**'re going to play** cards this evening.

- um über **Absichten, Vorhaben, Pläne für die Zukunft** zu sprechen.

Look at those clouds. It**'s going to rain**.

3:7

- um auszudrücken, dass etwas **mit großer Wahrscheinlichkeit** geschehen wird. Es gibt bereits sichtbare Anzeichen dafür.

52 Möglichkeiten, über zukünftige Ereignisse zu reden (Ways of talking about future events)

Wir **fahren** nächstes Jahr nach Wales.	We'**re going to go** …
Ich bin sicher, es **regnet** morgen.	I'm sure it **will rain** …
Ich **treffe** mich Samstag mit Katie.	I'**m meeting** Katie …
Der Film **fängt** um 8 **an**.	The film **starts** …

Im Deutschen benutzt man oft das Präsens, um über die Zukunft zu sprechen. Im Englischen musst du in der Regel *will-future* oder *going to-future* verwenden; in bestimmten Fällen können auch *present progressive* oder *simple present* stehen.

◄ IM ÜBERBLICK

will-future ▶ 49

- Where's Ryan? – Try the library. I suppose you**'ll find** him there.
- How do you spell 'business', please?
  – I**'ll write** it on the board for you.

Das ***will-future*** ist im Englischen die häufigste Futurform.
Es wird verwendet

- für zukünftige Ereignisse, auf die man keinen Einfluss hat
- für Vermutungen und Vorhersagen
- für spontan gefasste Entschlüsse (Angebote, Versprechen).

going to-future ▶ 51

- Look, it**'s going to rain** soon.

Das ***going to-future*** wird verwendet

- für Absichten, Vorhaben, Pläne
- für Dinge, die mit großer Wahrscheinlichkeit geschehen werden.

present progressive ▶ 33

Das ***present progressive*** wird verwendet für fest geplante oder verabredete Handlungen.

simple present ▶ 31

- I'll phone you **when I get home**.

Das ***simple present*** wird verwendet

- für zukünftige Ereignisse, die durch einen Fahrplan, ein Programm oder Ähnliches festgelegt sind *(timetable future)*
- in Nebensätzen der Zeit, die sich auf die Zukunft beziehen.

3:7

Frageanhängsel (Question tags)

53 Gebrauch (Use)

You're German, **aren't you?**
Du bist Deutsche, nicht wahr?
Amy can't speak Spanish, **can she?**
Amy kann nicht Spanisch sprechen / kann kein Spanisch, oder?
You've got a new car, **haven't you?**
Ihr habt ein neues Auto, ne?
Glen isn't waiting for me, **is he?**
Your friends live in Alaska, **don't they?**

You can't see very well, **can you?**
You need help with your homework, **don't you?**
The weather has been very nice, **hasn't it?**

3: 6

Frageanhängsel *(aren't you? / is he? / don't they?)* werden häufig in Gesprächen verwendet, wenn man vom Gesprächspartner/von der Gesprächspartnerin **Zustimmung** erwartet. Deutsche Frageanhängsel sind „nicht?", „nicht wahr?", „oder?", „ne?", „gell?" und „woll?".

Frageanhängsel werden mit fallender Intonation *(falling intonation)* gesprochen. Das heißt, dass die Stimme am Ende des Satzes **nach unten** geht, wie bei einer Aussage.

You live in London, **don't you?**
Du lebst in London, nicht wahr?

Zustimmung („Ja."/„Stimmt.")	**Widerspruch** („Nein.")
Yes, I do. / Yes, that's right.	**No, I don't.** (I live in …)

You aren't from Germany, **are you?**
Du kommst nicht aus Deutschland, oder?

Zustimmung („Nein."/„Stimmt.")	**Widerspruch** („Doch!")
No, I'm not. / That's right.	**I am! / Oh yes, I am!**

3: 6 (S. 152)

Auf Aussagen mit Frageanhängseln kann man mit Zustimmung oder Widerspruch reagieren.

⚠ Im Deutschen widerspricht man einer verneinten Aussage meist mit „Doch!".
Im Englischen verwendet man – wie bei den Kurzantworten – das Hilfsverb aus dem Aussagesatz:
You aren't …, are you?
– (Oh yes,) I am.

54 Bildung (Form)

That**'s** your mum's car, **isn't it?**
You**'ve** had your pet a long time, **haven't** you?
Lucy **can** play chess, **can't** she?

Jack **isn't** working, **is** he?
You **haven't** seen Hannah, **have** you?
You **can't** cook very well, **can** you?
You **don't** speak English, **do** you?

Megan **loves** music, **doesn't** she?
The Browns **live** in New York, **don't** they?
You **met** Sophie yesterday, **didn't** you?

3: 6

Frageanhängsel bestehen aus **Hilfsverb + Personalpronomen.**

- Wenn der **Aussagesatz bejaht** ist, ist das **Frageanhängsel verneint.**
- Wenn der **Aussagesatz verneint** ist, ist das **Frageanhängsel bejaht.**

Aussagesatz **+** → *Anhängsel* **–**
Aussagesatz **–** → *Anhängsel* **+**

Bejahte Aussagesätze im *simple present* und *simple past* haben kein Hilfsverb. In diesen Fällen musst du im Frageanhängsel *don't/doesn't/didn't* verwenden.

Das Passiv (The passive)

55 Aktiv und Passiv (Active and passive)

	Subject	
Aktiv:	Fleming	**discovered** penicillin in 1929.
	Fleming	entdeckte 1929 das Penizillin.
Passiv:	Penicillin	**was discovered** in 1929.
	Penizillin	wurde 1929 entdeckt.

Man kann einen Vorgang aus zwei verschiedenen Perspektiven beschreiben:

- Ein **Aktivsatz** drückt aus, **wer** (oder was) **etwas tut**. Das Subjekt des Aktivsatzes führt eine Handlung aus *(Fleming entdeckte …)*.
- Ein **Passivsatz** hebt hervor, **mit wem oder womit etwas geschieht**. Im Passivsatz wird etwas mit dem Subjekt getan *(Penizillin wurde … entdeckt)*.

56 Bildung (Form)

		Form of *be*	Past participle	
Simple present	A lot of bikes	are	stolen.	… werden gestohlen.
Simple past	A lot of bikes	were	stolen.	… wurden gestohlen.
***will*-future**	A lot of bikes	will be	stolen.	… werden gestohlen (werden).
Modal auxiliaries	A lot of bikes	might be	stolen.	… könnten gestohlen werden.

Das Passiv wird gebildet mit einer Form von *be* + Partizip Perfekt *(past participle)*, also

- im *simple present* mit *am/are/is* + Partizip Perfekt
- im *simple past* mit *was/were* + Partizip Perfekt
- im *will-future* mit *will* + *be* + Partizip Perfekt
- mit modalem Hilfsverb + *be* + Partizip Perfekt.

57 Gebrauch (Use)

At 4.15 yesterday afternoon an oil rig was destroyed in the Gulf of Mexico. 54 Americans were thrown into the sea as heavy storms attacked the rig. Ships and helicopters were sent to the area at once, but not one of the 54 men could be found. It is now thought that all the men died in the storm.

Du verwendest das Passiv, um zu sagen, **was** mit einer Sache oder einer Person **getan wird oder geschieht**. Wer die Handlung ausführt, ist nicht bekannt oder nicht wichtig. Daher findest du das Passiv oft in Nachrichten und Zeitungsberichten (z.B. über Verbrechen, Unfälle oder Naturkatastrophen), wenn man den „Täter" oder „Verursacher" des Geschehens nicht nennen kann oder will.

These photos were taken **by my wife**. **von meiner Frau**

The restaurant was destroyed **by fire**. **durch einen Brand**

Wenn du in einem Passivsatz den „Täter" oder „Verursacher" nennen willst, verwendest du die Präposition ***by***.

K Hats and coats **should be left** at the door.
Hüte und Mäntel **sollte man** am Eingang **abgeben**.

Im Deutschen werden englische Passivsätze oft durch einen Aktivsatz mit „man" wiedergegeben.

4:5

Der Infinitiv (The infinitive)

58 Der *to*-Infinitiv nach Adjektiven, Nomen und Verben

I'm so **happy** to see you! — Ich bin so glücklich, dich **zu sehen**!
It's **important** to learn English.

It's **time** to go home. — Es ist Zeit, nach Hause **zu gehen**.
I think your **decision** to leave school now is wrong.

I'**m learning** to play chess. — Ich lerne Schach **zu spielen**.
I've **decided** to do judo.

▶ *to*-Infinitiv oder Gerundium nach bestimmten Verben: 63 ⚠

She wants to go home. — Sie möchte nach Hause gehen.
He would like to stay. — Er würde gern/möchte noch bleiben.

3: 5 (S. 148)

Der *to*-Infinitiv kann stehen

- nach **Adjektiven**, z.B. *difficult, easy, good, happy, hard, important, …*
- nach **Nomen**, z.B. *chance, decision, plan, time, …*
- nach **Verben**, z.B. *agree, begin, decide, forget, hope, learn, plan, try, … .*

Hier entspricht der *to*-Infinitiv meist dem deutschen Infinitiv mit „zu". (Aber nicht bei *want to do* = „tun wollen" und *would like to do* = „tun mögen"!)

59 Der *to*-Infinitiv zum Ausdruck des Zwecks / der Folge

Emily has gone to the supermarket to buy some bread.
Emily ist zum Supermarkt gegangen, **um** Brot **zu kaufen**.

We got up early | to catch / in order to catch | the first train.
Wir sind früh aufgestanden, **um** den ersten Zug **zu erreichen**.

Der *to*-Infinitiv kann zur Angabe eines **Zwecks** oder einer **Absicht** verwendet werden (Deutsch: „um zu").
Die Form *in order to* ist etwas förmlicher als *to*, bedeutet aber dasselbe.

60 Der *to*-Infinitiv nach bestimmten Verben + Objekt

	Verb	Object	*to*-infinitive	
I	**helped**	**Dad**	to clean	the kitchen.
Ich habe Vater geholfen, die Küche sauber zu machen.				
Who	**taught**	**you**	to play	the guitar?
Wer hat dir beigebracht, Gitarre zu spielen?				
Our teacher	**asked**	**us**	to be	ready at 4 o'clock.
Unsere Lehrerin bat uns, um 4 Uhr fertig zu sein.				

Nach manchen Verben kann ein **Objekt + *to*-Infinitiv** stehen. Zu diesen Verben gehören *ask, help, invite, teach*.
Im Deutschen steht meist ein Infinitiv mit „zu".

K Our teacher **told us** to meet in the car park.
Unsere Lehrerin sagte, dass wir uns auf dem Parkplatz treffen sollten.
Do you **want me** to clean the board?
Möchten Sie, dass ich die Tafel wische? / Soll ich die Tafel wischen?
I **wouldn't like my cousin** to come to my party.
Ich möchte nicht, dass mein Cousin zu meiner Party kommt.

Lucy **wants Jack/me/him/her/us/them to help** her.
Lucy möchte, dass **Jack/ich/er/sie/wir/sie** …

Auch nach *cause, tell, want, would like, would love* kann ein **Objekt + *to*-Infinitiv** stehen. Nach den entsprechenden deutschen Verben steht jedoch ein Nebensatz mit „dass".
⚠ Nie: *Do you ~~want that I~~ …?*

Personalpronomen stehen in der Objektform.

⚠ She **wants to help** him. — She **wants me to help** him.
Sie will/möchte **ihm helfen**. — Sie will/möchte, **dass ich ihm helfe**.

3: 6

Beachte die unterschiedliche Bedeutung von *want to do sth.* und *want **sb.** to do sth.*

Das Gerundium (The gerund)

61 Bildung (Form)

Infinitive	-ing form/Gerund	Example:
(to) **read**	reading	Reading is fun.
	Vergleiche:	**Football** is fun.
(to) **smoke**	smoking	Stop smoking now!
	Vergleiche:	Stop **pollution** now!
(to) **swim**	swimming	I love swimming.
(to) **be**	being	Being rich is great.

Wie du weißt, kann man von jedem Vollverb eine *-ing*-Form bilden. Wenn die *-ing*-Form im Satz die Funktion eines Nomens hat, nennt man sie **Gerundium *(gerund)*.**

Reading **comics** is fun.
Comics zu lesen / Das Lesen von Comics macht Spaß.

I enjoy reading **in bed.**
Ich habe Spaß daran, im Bett zu lesen. / Ich lese gern im Bett.

Wie ein Verb kann das Gerundium **erweitert** werden, und zwar durch
- ein **Objekt** *(comics)*
- eine **Zeit- oder Ortsangabe** *(in bed).*

62 Das Gerundium als Subjekt (The gerund as subject)

Subject	
Smoking	is bad for you.
Swimming in the sea	can be dangerous.

Das Schwimmen im Meer... / Im Meer zu schwimmen ... 4:3

Das Gerundium kann **Subjekt** eines Satzes sein. Im Deutschen wird es oft durch einen Infinitiv oder ein Nomen wiedergegeben.

63 Das Gerundium als Objekt (The gerund as object)

	Object	
My father **stopped**	smoking	years ago.
I **gave up**	eating meat	last year.
Have you **finished**	tidying up your room?	
Can you **imagine**	not living in London?	

Mein Vater hat ... aufgehört zu rauchen / mit dem Rauchen aufgehört.
Ich habe ... aufgehört, Fleisch zu essen / das Fleischessen aufgegeben.
Hast du ... fertig aufgeräumt? / Bist du mit dem Aufräumen ... fertig?
Kannst du dir vorstellen, nicht in London zu leben?

Nach einer Reihe von Verben steht das Gerundium als **Objekt**. Zu diesen Verben gehören *enjoy, finish/stop, give up, go on, imagine, miss, practise.*

⚠ Anders als im Deutschen darf nach diesen Verben **kein Infinitiv** stehen!
Also nie: *I ~~enjoy/gave up to eat~~ ... .*

⚠ I **began/started** learning / to learn English in the fifth class.

I **like/love** riding / to ride my bike in the rain.

Nach den Verben ***begin/start, hate, like/love, prefer*** kann – bei gleicher Bedeutung – ein **Gerundium oder ein *to*-Infinitiv** stehen.

Would you **like** to come? – Yes, I'**d love** to (come).
I **would hate** to go out in this rain. I'**d prefer** to stay at home. 4:3

Beachte aber, dass nach would *like*/ would *love*/ would *hate*/ would *prefer* immer der Infinitiv steht.

64 Das Gerundium nach Präpositionen

Verben, die auf eine Präposition folgen, müssen als Gerundium stehen. Die Präposition kann verbunden sein

- **Adjective + preposition + gerund**

I'm **tired of** / **fed up with** eating fast food.
Ich habe es satt, Fast Food zu essen.
Are you **interested in** buying my guitar?
Hast du Interesse, meine Gitarre zu kaufen?
Glen is **good at** telling stories.
Glen kann gut Geschichten erzählen / ist gut im Geschichtenerzählen.

- mit einem **Adjektiv**

She's good at dancing.

- **Noun + preposition + gerund**

The boat was in **danger of** sinking.
Das Boot war in Gefahr zu sinken.
We had no **chance of** catching the train.
Wir hatten keine Chance, den Zug zu erreichen.
Is that a **reason for** not going to school?
Ist das ein Grund, nicht zur Schule zu gehen?

- mit einem **Nomen**

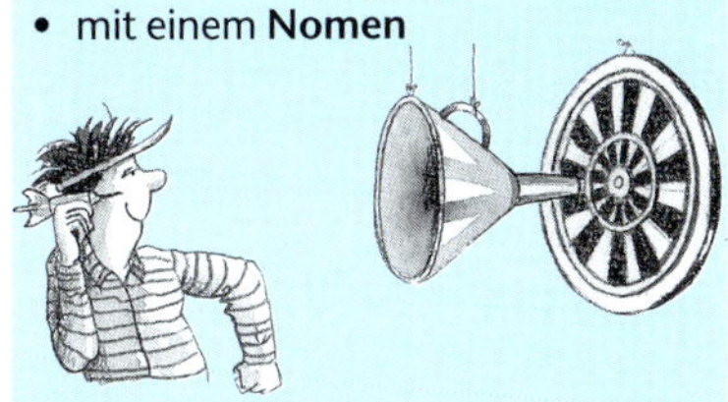

That's a funny way of playing darts.

- **Verb + preposition + gerund**

We **decided against** moving to Germany.
Wir entschieden uns dagegen, nach Deutschland zu ziehen / gegen einen Umzug nach Deutschland.
I've always **dreamed of** being famous.
Ich habe immer davon geträumt, berühmt zu sein.
We**'re looking forward to** hearing from you.
Wir freuen uns darauf, von Ihnen zu hören.

- mit einem **Verb**.

He believes in saving energy.
(Er glaubt ans Energiesparen.)

4: 3

Nach einer Präposition steht ein Verb immer als Gerundium.

◄ IM ÜBERBLICK

Verben in der *-ing*-Form können die Funktion eines Nomens haben. Eine solche *-ing*-Form heißt Gerundium.

Ein Gerundium kann stehen

Dancing is my hobby.
- als **Subjekt** des Satzes

My sister gave up dancing last year.
- als **Objekt** des Satzes

My brother isn't good **at** dancing.
- **nach einer Präposition**.

Das Nomen (The noun)

Der Plural der Nomen (The plural of nouns)

65 Regelmäßige Pluralbildung (Regular plurals)

Singular	Plural	
one coat	two coats	[-s]
dog	dogs	[-z]
tree	trees	[-z]
bus [-s]	buses	[-ɪz]
beach [-ʃ]	beaches	[-ɪz]

Du bildest den Plural eines Nomens, indem du ein ***-s*** an den Singular anhängst.

Nach einem Zischlaut wie [-s], [-z] oder [-ʃ] ist die Pluralendung ***-es***.

66 Unregelmäßige Pluralbildung (Irregular plurals)

Singular	Plural
1. one half [-f]	two halves [-vz]
scarf	scarves
shelf	shelves
thief	thieves
wolf	wolves
knife	knives
life	lives
wife	wives

Nomen auf *-f* oder ***-fe*** bilden den Plural meist auf ***-ves***.

Singular	Plural
2. one hero	two heroes
potato	potatoes
tomato	tomatoes

Einige wenige Nomen auf ***-o*** bilden den Plural auf ***-oes***.
Aber: *biros, discos, kilos, photos, pianos, radios, studios, videos*

Singular	Plural
3. one child	two children
man [mæn]	men [men]
fisherman ['-mən]	fishermen ['-mən]
woman ['wʊmən]	women ['wɪmɪn]
foot	feet
tooth	teeth
mouse	mice
penny	pence/pennies

Einige Nomen haben eine **besondere Pluralform** ohne *-s*.

⚠ ***penny*** hat zwei Pluralformen:
*ten **pence** (10p):* eine Summe
*ten **pennies**:* 10 Einpennymünzen

Singular	Plural
4. one fish	two fish
sheep	sheep

Einige Nomen haben im Singular und Plural dieselbe Form.

one sheep – two sheep – three sheep

Nomen, die nur im Plural stehen (Plural nouns)

67 „Paarwörter“ (Pair nouns)

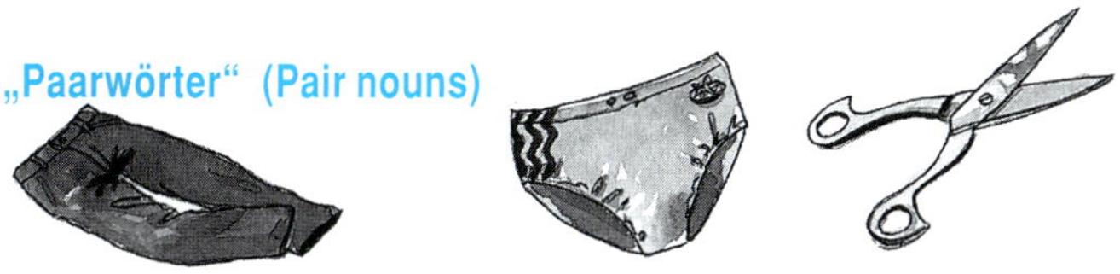

These trousers **are** nice. Where did you buy **them**?
Diese Hose **ist** hübsch. Wo hast du **sie** gekauft?
⚠ *Nie:* ~~This trousers is~~ … . Where did you buy ~~it~~?

I need **some** new trousers.
Ich brauche **eine** neue Hose.
I can't find my scissors[1]. Do you know where **they are**?
Ich kann meine Schere nicht finden. Weißt du, wo **sie ist**?

[1] scissors ['sɪzəz]

I bought **a** new **pair of** jeans yesterday. — **eine** neue Jeans
Why do you need **two pairs of** scissors? — **zwei** Scheren

Eine Hose besteht aus zwei gleichen Teilen (den zwei Hosenbeinen). Das englische Wort ***trousers*** wird daher **immer im Plural** gebraucht – es hat keinen Singular und steht nie mit dem unbestimmten Artikel *a* oder mit *one/two/three/…* . Zugehörige Verben, Begleiter und Pronomen stehen immer im Plural.
Nomen wie *trousers* nennt man ***pair nouns*** **(„Paarwörter“)**. Andere *pair nouns* sind z.B. *jeans, swimming-trunks, shorts, scissors* („Schere“). Wenn du eine bestimmte Anzahl nennen möchtest, musst du ***a pair of … / two pairs of …*** verwenden.

68

These stairs **aren't** very safe.
Diese Treppe **ist** / **Diese** Treppen **sind** nicht sehr sicher.
Clothes **are** quite expensive here. — Kleidung **ist** …

⚠ Where **are** the police? — Wo **ist** die Polizei?

Außer Paarwörtern werden auch einige andere englische Nomen **nur im Plural** verwendet. Dazu gehören *stairs* und *clothes* sowie *police* (obwohl es kein Plural-*s* hat).

69 Nicht zählbare Nomen (Uncountable nouns)

I'm thirsty. – There's some milk in the fridge.
The garden is very dry. It needs some water.
Do you like music?
Could we have more time for the test, please?

Two litres of **milk** and a kilo of **butter**, please.
Could I have a glass of **water**, please?
This is my favourite piece of **music** by Mozart.

Nomen wie *milk, water, butter, music, time* bezeichnen etwas, was man nicht zählen kann. **Nicht zählbare Nomen** haben **keinen Plural** und stehen nie mit *a/an* oder *one/two/three/…* . Wenn du bestimmte Mengen nennen möchtest, musst du Wendungen wie ***two litres of … / a glass of … / a kilo of … / a piece of …*** verwenden.

K I think your hair **is** too long. Why don't you cut **it**?
…, deine Haare **sind** zu lang. Warum schneidest du **sie** nicht?
I need **some** information on the Globe Theatre.
Ich brauche **eine** Information / **einige** Informationen …
That's too **much** homework.

OK, **that's** the bad news. And what **is** the good news?
OK, **das ist/sind** die schlechte(n) Nachricht(en). Und was **ist/sind** die gute(n) Nachricht(en)?
The USA **is** a very big country.
Die USA **sind** ein sehr großes Land. **3:3 (S. 140)**

Beachte, dass die Nomen ***hair, homework, information*** **nicht zählbar** sind: Das zugehörige Verb sowie zugehörige Begleiter und Pronomen stehen **immer im Singular**.

⚠ Auch ***news*** ist ein nicht zählbares Nomen, obwohl es auf *-s* endet.

⚠ Auch ***USA*** steht mit einem Verb im Singular, obwohl es sich um eine Pluralform handelt *(United States of America)*.

▶ Mengenangaben bei zählbaren und nicht zählbaren Nomen: 78

70 *s*-Genitiv und *of*-Fügung (*s*-genitive and *of*-phrase)

s-genitive	*of*-phrase
Can you tell me **the woman's** name? … den Namen **der Frau**	Can you tell me the name **of the street**? … den Namen **der Straße**
Green is **my brother's** favourite colour. … die Lieblingsfarbe **meines Bruders**	Do you like the colour **of my room**? … die Farbe **meines Zimmers**

- *s*-Genitiv für Personen
- *of*-Fügung für Sachen

◀ IM ÜBERBLICK

Singular:	+ *'s*	→	the girl**'s** teacher
Plural auf -(e)s:	+ *'*	→	the girls**'** teacher
Plural nicht auf -(e)s:	+ *'s*	→	the children**'s** teacher

the girl's teacher *the girls' teacher*

K Is this **Glen and Amy's** room?
Ist das **Glens und Amys** Zimmer?

Wenn etwas zwei Personen gleichzeitig gehört, wird – anders als im Deutschen – nur einmal *'s* angehängt.

71 *of* in Mengen- und in Ortsangaben (*of* in phrases of quantity and of place)

two **kilos of** potatoes	zwei Kilo Kartoffeln
ten **metres of** rope	zehn Meter Seil
a **litre of** cola	ein Liter Cola
a **bottle of** milk	eine Flasche Milch
a **glass of** water	ein Glas Wasser
a **can of** lemonade	eine Dose Limonade
two **tins/cans of** tomatoes	zwei Dosen Tomaten
a **jar of** honey	ein Glas Honig
a **packet of** crisps	eine Packung Chips
two **cartons of** juice	zwei Packungen Saft
a **box of** chocolates	eine Schachtel Pralinen
a **piece of** wood	ein Stück Holz

Die *of*-Fügung wird bei Maß- und Mengenangaben *(kilo/metre/… of)* und bei Behältnissen *(bottle/can/packet/… of)* verwendet.

▶ *a pair of …*: 67

the **city of** Glasgow	die Stadt Glasgow
the **town of** Doncaster	die Stadt Doncaster
the **Isle of** Skye	die Insel Skye

Die *of*-Fügung steht in Ortsangaben wie *the city of…, the town of … .*

3: 3 (S. 139)

72 Das Stützwort *one/ones* (The prop word *one/ones*)

I've got three **cats**, **two white** ones and **a black** one.
Ich habe drei **Katzen**, **zwei weiße** und **eine schwarze**.
⚠ ***Nie:*** … three cats, ~~two whites and a black~~.

This **CD shop** isn't as good as **the** one in Ashton.
Dieser **CD-Laden** ist nicht so gut wie **der** in Ashton.

Can you give me **a pen**, please? – Of course. **Which** one would you like? … **Welchen** möchtest du?

3: 2

Wenn man ein schon genanntes (zählbares) Nomen näher bestimmen, aber nicht wiederholen will, muss man das Stützwort *one* (Singular) bzw. *ones* (Plural) verwenden.

one/ones werden „Stützwörter" genannt, weil – im Gegensatz zum Deutschen – Adjektive und der bestimmte Artikel ohne diese „Stützen" nicht allein stehen können.

Begleiter und Pronomen (Determiners and pronouns)

Der bestimmte Artikel *the* (The definite article *the*)

In den meisten Fällen wird der bestimmte Artikel wie im Deutschen verwendet. Es gibt jedoch einige Unterschiede, die du kennen musst.

73 *the* bei abstrakten Nomen und Stoffbezeichnungen (*the* with abstract and material nouns)

How did **life** begin?
… **das** Leben?

Coffee is cheap here.
(Der) Kaffee …

The **life of black slaves** was very hard.
Das Leben von schwarzen Sklaven …

The **coffee we had on the train** was terrible.
Der Kaffee, den wir im Zug bekamen, …

Abstrakte Nomen und **Stoffbezeichnungen** stehen
- **ohne** bestimmten Artikel, wenn sie **ganz allgemein** verwendet werden
- **mit** bestimmtem Artikel, wenn sie **näher bestimmt** sind, z.B. durch eine *of*-Fügung oder einen Relativsatz.

Ist ein Nomen ganz abstrakt,
wird es ohne „the" verpackt.
Wird ein Nomen noch beschrieben,
ist ihm auch das „the" geblieben.

Z I have to do a report on **everyday life** in Wales.
… über **das** Alltagsleben in Wales
They have **very good coffee** here.
… sehr guten Kaffee

Ein Adjektiv vor einem allgemein gebrauchten, abstrakten Nomen gilt **nicht** als nähere Bestimmung – es steht also **kein** bestimmter Artikel.

4: 4

74 *all, both, half, most of + the*

all the fruit das ganze Obst
both (the) CDs beide CDs
half the time die Hälfte der Zeit
most of the girls die meisten Mädchen

Bei *all, both, half* und *most of* wird der bestimmte Artikel **nachgestellt**.

All/Most babies cry.
All (of) the **babies** | **in the room** were crying.
Most of the **babies** | **in the room** were crying.

Bei *all* und *most* wird der bestimmte Artikel nur dann benutzt, wenn das Nomen näher bestimmt ist.

3: 2 (S. 134)

Der unbestimmte Artikel *a/an* (The indefinite article *a/an*)

75 *a/an* vor Angaben zu Beruf und Nationalität sowie nach *as* (*a/an* before jobs and nationalities and after *as*)

My mum is an **engineer** and my dad works as a **shop assistant.** ... ist Ingenieurin ... arbeitet als Verkäufer.

After 24 years in the USA, he decided to become an **American.** ... beschloss er, Amerikaner zu werden.

Harry tried to use his shoe **as** a **hammer.** ... als Hammer

3: 3 (S. 138) / 4: 3 (S. 131)

In den meisten Fällen wird der unbestimmte Artikel wie im Deutschen verwendet. Es gibt jedoch einige Unterschiede, die du kennen musst.

Der unbestimmte Artikel steht
- vor **Berufsangaben**
- vor **Nationalitätsangaben**
- nach *as* (= „als").

76 *a/an* in der Bedeutung „pro", „je" (*a/an* meaning „pro", „je")

We sell about 20 cars a **week.**
... pro Woche / in der Woche / die Woche.

Our car does 130 miles an **hour.**
... pro Stunde / in der Stunde / die Stunde.

Potatoes are £1 a **kilo.**
... das Kilo / pro Kilo / je Kilo.

4: 3 (S. 131)

Der unbestimmte Artikel steht in der Bedeutung „pro", „je" vor **Zeit-, Maß- und Mengenangaben.**

77 *half, quite + a/an*

half an apple ein halber Apfel
quite an interesting match ein ziemlich interessantes Spiel

3: 1 (S. 132)

Bei *half* und *quite* wird der unbestimmte Artikel **nachgestellt.**

Mengenangaben (Quantifiers)

78 Mengenangaben bei zählbaren und nicht zählbaren Nomen (Quantifiers with countable and uncountable nouns)

Zählbare Nomen	Nicht zählbare Nomen
one boy – two boys	time
one apple – two apples	milk
one idea – two ideas	music
one CD – two CDs	homework

▶ Nicht zählbare Nomen: 69

Wenn du über bestimmte Mengen reden willst, ist es oft wichtig, ob es sich um **zählbare oder nicht zählbare Nomen** handelt:

- *boy, apple, idea, CD* sind **zählbare Nomen**: Sie bezeichnen etwas, was man zählen kann, und kommen im Singular und im Plural vor *(one apple – two apples).*
- *time, milk, music, homework* sind **nicht zählbare Nomen**: Sie bezeichnen etwas, was man nicht zählen kann, haben **keinen Plural** und können nicht mit *a/an* oder *one/two/...* verwendet werden.

mit zählbaren Nomen (with countable nouns)	**mit nicht zählbaren Nomen** (with uncountable nouns)
I've got **some ideas.** … einige/ein paar Ideen.	I've got **some time.** … etwas Zeit.
There aren't **any apples.** … keine Äpfel (mehr).	There isn't **any milk.** … keine Milch (mehr).
We've got **a lot of/lots of CDs.** … viele CDs.	We've got **a lot of/lots of tea.** … viel Tee.
There are **no crisps.** … keine Chips.	There's **no homework** today. … keine Hausaufgaben.
How **many** CDs have you got? – Not **many**. Only **a few**. Wie viele CDs hast du? – Nicht viele. Nur ein paar.	How **much** time have you got? – Not very **much**. Only **a little**. Wie viel Zeit hast du? – Nicht viel. Nur ein bisschen.

Die Mengenangaben ***some*** und ***any***, ***a lot of/lots of*** sowie ***no*** werden sowohl **mit dem Plural von zählbaren Nomen** als auch **mit nicht zählbaren Nomen** verwendet.

- ***many*** („viele") und ***a few*** („ein paar", „einige") werden **nur mit dem Plural von zählbaren Nomen** verwendet.
- ***much*** („viel") und ***a little*** („ein bisschen", „(ein) wenig") werden **nur mit nicht zählbaren Nomen** verwendet.

3: 4

◀ IM ÜBERBLICK

zählbar		**nicht zählbar**	
How **many** cakes?		How **much** water?	

a lot of lots of	**not many** **a few**	a lot of lots of	**not much** **a little**

⚠ bejahte Aussagesätze:	We've got **a lot of/lots of tea** and **a lot of/lots of oranges.**
verneinte Aussagesätze:	But we have**n't** got **much coffee.**
Fragen:	How **many apples** have we got?

In **bejahten Aussagesätzen** steht meist ***a lot of/lots of.***
In **verneinten Aussagesätzen** und **Fragen** steht meist ***much*** bzw. ***many.***

some und *any* und ihre Zusammensetzungen (*some* and *any* and their compounds)

79

There are **some** [səm] **cakes** in the kitchen. … einige/ein paar Törtchen …	There's **some** [səm] **tea** in the kitchen. … (etwas) Tee …
You can have **some** [sʌm] if you want. – Thanks, but I do**n't** want **any (cakes).** … keine (Törtchen)	You can have **some** [sʌm] if you want. – Thanks, but I do**n't** want **any (tea).** … keinen (Tee)
Are there **any sweets?** … Süßigkeiten?	Is there **any coffee?** … Kaffee?

▶ *any* = jeder (beliebige): 82

- ***some*** („einige/ein paar"; „etwas/ein bisschen") verwendet man vor allem in **bejahten Aussagesätzen.**
- ***any*** steht vor allem in **verneinten Aussagesätzen** und in **Fragen.** (In Fragen hat *any* oft keine deutsche Entsprechung.)

Can you see **anybody?** ... irgendjemand ...?
– No, I ca**n't** see **anyone**, ... niemand ...
but I'm sure **someone** was ... jemand ...
here a minute ago.

- ***some, someone* usw. vor allem in bejahten Aussagesätzen**
- ***any, anyone* usw. vor allem in verneinten Aussagesätzen und in Fragen**

- ***someone*** (oder *somebody*), ***something, somewhere*** verwendet man vor allem in **bejahten Aussagesätzen**.
- ***anyone*** (oder *anybody*), ***anything, anywhere*** stehen vor allem in **verneinten Aussagesätzen** und in **Fragen**.

80

4: 1 (S. 124)

Wenn man **mit einer Frage etwas anbietet oder um etwas bittet**, verwendet man ***some, something*** usw. – nicht *any, anything* usw.

„jede", „jeder"

81 ***everyone/everybody – every ... – each ...***

Everyone / **Everybody** likes watching films.	jede, jeder; alle (ohne Ausnahme)
Every child likes watching films.	jedes Kind (= alle Kinder, Kinder im Allgemeinen)
Every / Each child got a free ticket for the cinema.	jedes Kind (aus einer bestimmten Gruppe)

Am häufigsten werden ***everyone/ everybody*** und ***every ...*** bzw. ***each ...*** für das deutsche „jede/r" verwendet.

every und ***each*** sind oft austauschbar, der Bedeutungsunterschied ist gering: ***each*** wird vorgezogen, wenn man nicht so sehr an die Gruppe als Ganzes denkt, sondern eher an **jedes einzelne** Mitglied, wenn man also jedes Kind für sich betrachtet.

Each of the children wanted to watch a different film.
Jedes Kind / Jedes von den Kindern wollte einen anderen Film sehen.

The children each / **They each** wanted to watch a different film.
Die Kinder / Sie wollten alle einen anderen Film sehen.

Im Gegensatz zu *every*
- kann ***each*** vor einer *of-phrase* stehen
- kann ***each*** sich auf ein vorausgehendes Nomen oder Pronomen beziehen.

82 *any* („jeder beliebige …") – *anyone/anybody*

The cinema is empty. You can have **any seat**[1] you like.
… Du kannst sitzen, wo du willst. (Du kannst jeden Platz haben, den du möchtest.)

[1]seat [siːt] *(Sitz-)Platz*

You can go to **any of these cinemas**. They're all showing the same film.
… in jedes dieser Kinos / in irgendeins von diesen Kinos …

Anyone | Anybody — will be able to tell you where the cinema is.
Jeder (x-Beliebige) / Jede beliebige Person …

You can have **anything** you like for Christmas.
… (alles), was du willst … **4: 5 (S. 139)**

▶ *some* und *any*: 79, 80

Für „jeder" im Sinne von **„jeder x-beliebige …", „irgendeiner"** werden ***any, anyone*** usw. verwendet.

83 „keine", „keiner" (*no one/nobody – no …*)

No one | Nobody — really liked the film. niemand, keiner

They had **no popcorn** that day. kein(e) + Nomen

⚠ *no one* = zwei Wörter
nobody = ein Wort

Andere Begleiter und Pronomen (Other determiners and pronouns)

84 Übersicht (Overview)

◀ **IM ÜBERBLICK**

Personalpronomen *(Personal pronouns)*	I, you, he, she, it, we, you, they me, you, him, her, it, us, you, them
Possessivbegleiter *(Possessive determiners)*	my, your, his, her, its, our, your, their
Possessivpronomen *(Possessive pronouns)*	mine, yours, his, hers, ours, yours, theirs
Demonstrativbegleiter/-pronomen *(Demonstrative determiners/pronouns)*	this, that, these, those
Reflexivpronomen *(Reflexive pronouns)* ▶ 85–87	myself, yourself, himself, herself, itself, ourselves, yourselves, themselves
Relativpronomen *(Relative pronouns)* ▶ 109	who, which, that, whose

Reflexivpronomen (Reflexive pronouns)

85 Formen (Forms)

Singular			Plural		
myself		(ich) mir/mich	**our**selves		(wir) uns
yourself		(du) dir/dich	**your**selves	[-'selvz]	(ihr) euch
himself	[-'self]	(er) sich	**them**selves		(sie) sich
herself		(sie) sich			
itself		(es) sich			

86 Gebrauch (Use)

I'm teaching myself Spanish.
Ich bringe mir Spanisch bei.

Be careful or **you**'ll hurt yourself.
Sei vorsichtig oder du wirst dich verletzen.

Daniel often talks to himself.
Daniel redet oft mit sich selbst.

Glen and Amy can look after themselves.
Glen und Amy können auf sich (selbst) aufpassen.

Das **Reflexivpronomen** *(myself; themselves)* **bezieht sich auf das Subjekt** des Satzes *(I; Glen and Amy)*, es ist **rückbezüglich** (= reflexiv). Es bezeichnet dieselbe Person (oder Sache) wie das Subjekt.

Ich bringe **mir** Spanisch bei.
Reflexivpronomen

Conchita bringt **mir** Spanisch bei.
Personalpronomen

⚠ Verwechsle nicht Reflexiv- und Personalpronomen!

The drinks are on the table – just help yourself.
… – bedien dich einfach.
Did you enjoy yourselves at the party?
Habt ihr euch auf der Party gut amüsiert?

Merke dir die Wendungen:
Help yourself. = „Greif zu!", „Bedien dich!"
Enjoy yourself. = „Viel Spaß!", „Amüsier dich gut!"

3:5

K Megan **felt** miserable after her mother had died.
Megan **fühlte sich** elend, nachdem ihre Mutter gestorben war.
Do you **remember** our holiday in Spain?
Erinnerst du **dich** an unseren Urlaub in Spanien?

Es gibt eine Reihe von Verben, die im Deutschen reflexiv sind, im Englischen jedoch nicht.

(to) **change**	sich (ver)ändern; sich umziehen	(to) **move**	sich bewegen
		(to) **open**	sich öffnen
(to) **decide**	sich entscheiden	(to) **relax**	sich entspannen
(to) **feel**	sich fühlen	(to) **remember**	sich erinnern
(to) **hurry**	sich beeilen	(to) **sit down**	sich (hin)setzen
(to) **imagine** sth.	sich etwas vorstellen	(to) **turn**	sich umdrehen
(to) **listen to** sth.	sich etwas anhören	(to) **watch** sth.	sich etwas ansehen
(to) **look forward to**	sich freuen auf	(to) **wonder**	sich fragen
(to) **meet**	sich treffen	(to) **worry**	sich Sorgen machen

I've **bought (myself)** a new cassette recorder.
Ich **habe mir** einen neuen Cassettenrecorder **gekauft**.

(to) buy kann mit Reflexivpronomen verwendet werden. Häufiger steht es jedoch ohne.

3:5

87 Reflexivpronomen oder *each other*/*one another*?

They are laughing at **themselves**.
Sie lachen über sich.
(= über sich selbst)

They are laughing at **each other**.
oder: They are laughing at **one another**.
Sie lachen über sich.
(= über einander, über sich gegenseitig)

-self/-selves = *sich selbst*

each other / *one another* = *einander, sich gegenseitig*

3:5

- ***-self/-selves*** **= „sich selbst"**
- ***each other*** **= „einander, sich gegenseitig"**

Adjektiv und Adverb (Adjective and adverb)

Das Adjektiv (The adjective)

88 Gebrauch (Use)

Mike's **computer** is new.

Lisa will get a new **computer** for her birthday.

Adjektive werden verwendet, um **Eigenschaften** oder Merkmale einer Person oder Sache zu beschreiben.

89 Steigerung (Comparison)

	Comparative	Superlative
• clean	cleaner	cleanest
nice	nicer	nicest
big	bigger	biggest
funny	funnier	funniest
• useful	more useful	most useful
famous	more famous	most famous
exciting	more exciting	most exciting
difficult	more difficult	most difficult
• good	better	best
bad	worse	worst
much/many	more	most
(a) little	less	least

4:3

- Steigerung mit *-er/-est*:
  - **einsilbige** Adjektive
  - **zweisilbige** Adjektive **auf -*y***
- Steigerung mit ***more/most***:
  - die meisten **zweisilbigen** Adjektive, die **nicht auf *-y*** enden
  - Adjektive **mit mehr als zwei Silben**
- **Unregelmäßige** Steigerungsformen:
  - ***good/bad***
  - ***much/many, (a) little***

⚠ The **nearest** bus stop is just round the corner.
We have to get off at the **next** stop.

„der/die/das nächste ...":
nearest = „nächstgelegen" (räumlich)
next = „nächstfolgend" (Reihenfolge)

90 Das Adjektiv in Vergleichen (The adjective in comparisons)

Emily is as tall as Oliver.

Oliver is not as tall as Amy.

Amy is taller than him.

Amy is the tallest.

4:3

So kannst du Personen oder Dinge miteinander vergleichen:

- ***as … as*** („so … wie")
- ***not as … as*** („nicht so … wie")
- **Komparativ** (1. Steigerungsform) + ***than***: *taller than* („größer als"), *more expensive than*
- ***the*** + **Superlativ** (2. Steigerungsform): *the tallest* („die größte"/„am größten"), *the most expensive*.

⚠ Beachte, dass Personalpronomen nach *than* und *as … as* meist in der Objektform stehen:
taller than ***me/him/her/us/…*** .

Das Adverb (The adverb)

91 Formen (Forms)

◀ IM ÜBERBLICK

Es gibt verschiedene Arten von Adverbien:

- **always, often, sometimes, now, then, today, soon, still, here, there, up, down, perhaps, …**
  - **„ursprüngliche"** Adverbien (= Adverbien, die nicht von Adjektiven abgeleitet sind)
- **fast, hard, late, early, long, …**
  - Adverbien, die **dieselbe Form wie Adjektive** haben
- bad**ly**, usual**ly**, happi**ly**, electronical**ly**, terrib**ly**, …
  - Adverbien, die **von Adjektiven abgeleitet** sind (durch Anhängen der Nachsilbe *-ly*).

▶ Stellung der Adverbien: 10–12

92 Gebrauch (Use)

(1) You **played** terribly yesterday.

(2) It was terribly **cold** last night.

(3) Jessica always drives terribly **fast**.

Adverbien können sich
- auf ein Verb beziehen (Satz 1). Sie beschreiben, wie jemand etwas tut oder wie etwas geschieht.
- auf ein Adjektiv (Satz 2) oder ein anderes Adverb (Satz 3) beziehen.

K Mr Bell always drives **carefully**. … fährt immer **vorsichtig**
Mr Bell is always very **careful**. … ist immer sehr **vorsichtig**

Im Deutschen haben Adverbien der Art und Weise und Adjektive dieselbe Form.

3:2

93 Steigerung (Comparison)

	Comparative	Superlative	
• fast	faster	fastest	• Steigerung mit *-er/-est*:
soon (bald)	sooner (eher)	soonest (am frühesten)	– **einsilbige** Adverbien
early	earlier	earliest	– ***early***
• quickly	more quickly	most quickly	• Steigerung mit ***more/most***:
carefully	more carefully	most carefully	– Adverbien **auf *-ly*** (bis auf *early*)
often	more often	most often	– andere **mehrsilbige Adverbien**
• well	better	best	• **Unregelmäßige** Steigerungsformen:
badly	worse	worst	– ***well/badly***
much	more	most	– *(talk/read/…)* ***much, little***
little	less	least	

3:2

94 Das Adverb in Vergleichen (The adverb in comparisons)

Emily can run **as fast as** Oliver.

Oliver ca**n't** run **as fast as** Amy.

Amy can run **faster than** him.

Amy can run **fastest**.

▶ Das Adjektiv in Vergleichen: 90

3: 2

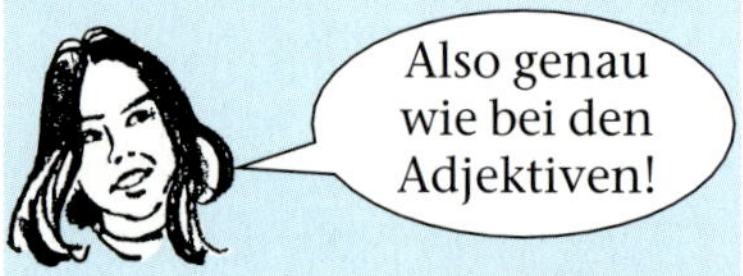

95 Adverb oder Adjektiv nach bestimmten Verben? (Adverb or adjective after certain verbs?)

- **Tätigkeitsbeschreibung: *verb + adverb***

All the kids **were talking** **excitedly**.
Alle Kinder redeten aufgeregt durcheinander.
Wie redeten sie? – Aufgeregt.

Lisa **looked** **angrily** at Mike.
Lisa sah Mike wütend an.
Wie sah sie ihn an? – Wütend.

- Wie du weißt, werden **Adverbien der Art und Weise** verwendet, wenn man sagen will, **wie jemand eine Tätigkeit ausführt**.

- **Zustands- oder Eigenschaftsbeschreibung: *verb + adjective***

All the kids **felt** **excited**.
Alle Kinder waren aufgeregt.
Wie fühlten sie sich? (In welchem Zustand waren sie?) – Aufgeregt.
(*Vergleiche:* All the kids **were** **excited**.)

Lisa **looked** **angry**.
Lisa sah wütend aus.
Wie sah sie aus? (In welchem Zustand war sie?) – Wütend.
(*Vergleiche:* Lisa **was** **angry**.)

- Einige Verben beschreiben nicht Tätigkeiten, sondern **Zustände** oder **Eigenschaften (wie jemand oder etwas ist)**. Nach solchen Verben stehen Adjektive, nicht Adverbien. (Tipp: Meist können diese Verben durch *be* ersetzt werden!)

Klappt bei 'nem Verb der „be"-Ersatz, ist ein Adverb fehl am Platz!

Dies sind die wichtigsten Verben, nach denen Adjektive stehen.

(to) **be**	sein	(to) **look**	aussehen
(to) **seem**	*(zu sein)* scheinen	(to) **sound**	klingen
(to) **become**	werden	(to) **feel**	sich (an-) fühlen
(to) **get**	werden	(to) **smell**	riechen
(to) **stay**	bleiben		

3: 3 (S. 138)

Präpositionen (Prepositions)

96 Bedeutung und Gebrauch (Meaning and use)

Präpositionen (Verhältniswörter) geben Beziehungen zwischen Personen, Dingen usw. an.

- Sie lassen sich einteilen in
  - Präpositionen **des Ortes und der Richtung**
  - Präpositionen **der Zeit**
  - **sonstige** Präpositionen.

- above, between, in, on, …; into, onto, out of, through, …
- after, at, before, during, in, …
- about, because of, like, with, without, …

- Oft kann eine Präposition verschiedene Beziehungen ausdrücken.

Ort	on **the table**	auf dem Tisch
Zeit	on **Tuesday**	am Dienstag
sonstige Beziehung	(questions) on **the text**	(Fragen) zum Text

- Präpositionen können mit anderen Wörtern verbunden sein und müssen dann mit diesen Wörtern zusammen gelernt werden.

Verb + preposition	**laugh** at, **talk** to, **look** for, …
Adjective + preposition	**interested** in, **tired** of, **rude** to, …
Noun + preposition	**reason** for, **danger** of, **chance** of, …

- Präpositionen stehen normalerweise **vor** einem Nomen, einem Pronomen oder einem Gerundium (einer *-ing*-Form). In Fragesätzen mit *who, what, where* usw. bleibt die Präposition jedoch – anders als im Deutschen – hinter dem Verb.

Who are you **thinking** of?	An wen …?
What are they **talking** about?	Worüber / Über was …?
Where does she **come** from?	Woher …?

▶ Das Gerundium nach Präpositionen: 64

97 Präpositionen des Ortes und der Richtung (Prepositions of place and movement)

She's going from her house to the sports club.

She's going to play tennis at the club

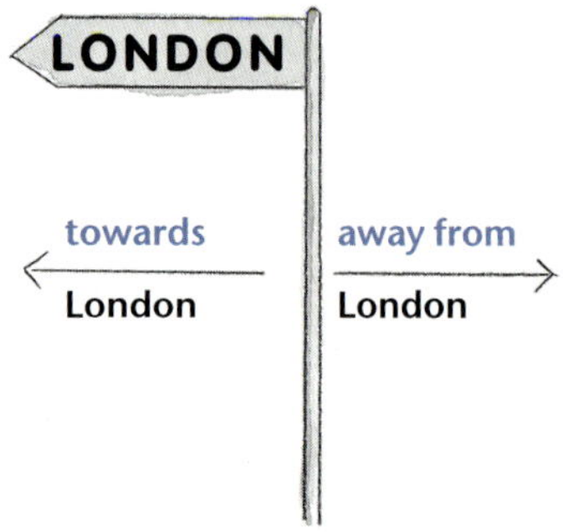

Wendungen mit *at, in, on*

at	**at** the table	am Tisch	**at** work	bei der Arbeit, am Arbeitsplatz
	at the front	vorn, an/auf der Vorderseite		
	at the back	hinten, an/auf der Rückseite	**at** home	zu Hause
	at school	in der Schule	**at** 22 King Street	in der Königstraße 22
in	**in** the street (BE) (AE: **on** the street)	auf der Straße	**in** the country	auf dem Land
			in the sky	am Himmel
	in the field	auf dem Feld	**in** the picture	auf dem Bild
on	**on** the coast	an der Küste	**on** the left	links, auf der linken Seite
	on the wall	an der Wand	**on** a visit to	auf/zu Besuch bei/in
	on the bus/train	im Bus/Zug	**on** holiday (BE)/ **on** vacation (AE)	in/im Urlaub
	on my way to	auf dem Weg/unterwegs nach		

98 Präpositionen der Zeit (Prepositions of time)

after

Let's meet **after** lunch. — **nach** dem Mittagessen

at

The match begins **at** 3 o'clock. — **um** 3 Uhr
Come back **at** the weekend. — **am** Wochenende

at			
at night	bei Nacht, nachts	**at** last	endlich
at Christmas	zu Weihnachten	**at** the beginning	am Anfang
at lunch-time	zur Mittagszeit, mittags	**at** the end	am Ende/Schluss
at the same time	zur gleichen Zeit		
at the moment	im Moment, gerade	⚠ **in** the end	schließlich
at once	sofort	– I waited and waited, but the bus didn't come. **In the end** I walked to school.	
at first	zuerst, anfangs		

before

They usually go to bed **before** ten. — **vor** zehn (Uhr)

by

Can you do it **by** tomorrow? — (spätestens) **bis** morgen

during

Lisa always works **during** the holidays. — **während** der Ferien

Deutsch „während"

Come and visit me **during the holidays**. — **vor Nomen: during** (Präposition)
während der Ferien

I broke my leg **while I was on holiday**. — **vor Sätzen: while** (Konjunktion)
während ich in Urlaub war

from

The museum is open **from** 10 to 6. — **von** 10 (Uhr) bis 6 (Uhr)

in

My birthday is **in** July. — **im** Juli
I'll be with you **in** ten minutes. — **in** zehn Minuten

on

My birthday is **on** 12th July. — **am** 12. Juli

on			
on Friday	am Freitag	**on** the first night	in der ersten Nacht
on Fridays	freitags	**on** my birthday	an meinem Geburtstag

Tageszeiten

allgemeine Tageszeit	**in** the morning **in** the afternoon **in** the evening ⚠ **at** night	**on Monday** morning **on Tuesday** afternoon **on Friday** evening **on Sunday** night	**näher bestimmte Tageszeit**

past

It was ten minutes **past** nine. — **nach** neun (Uhr)

(not) till / (not) until

The café is open **till/until** 6 o'clock. — **bis** sechs Uhr

She wo**n't** be here **till/until** 8 o'clock. — **erst um** acht Uhr, **nicht vor** acht Uhr

to

It's ten minutes **to** nine. — **vor** neun (Uhr)

The museum is open from 10 **to** 6. — von 10 (Uhr) **bis** 6 (Uhr)

99 Sonstige Präpositionen (Other prepositions)

about

I like books **about** ghosts. — **über** Gespenster

I'm phoning **about** the party. — **wegen** der Party

after

'Smith' comes **after** 'Smart' in the list. — **nach** „Smart"

against

We're playing **against** Blacon High School tomorrow. — **gegen** die Blacon High School

because of

We stayed at home **because of** the rain. — **wegen** des Regens

before

'Smart' comes **before** 'Smith' in the list. — **vor** „Smith"

by

In 1666 London was destroyed **by** fire. — **durch** (ein) Feuer

St Paul's Cathedral was built **by** Christopher Wren. — **von** Christopher Wren

I usually go to school **by** bike. — **mit** dem Fahrrad

for

I've got a great present **for** my sister. — **für** meine Schwester

What do you usually have **for** breakfast? — **zum** Frühstück

from

Conchita has got a letter **from** Scott. — **von** Scott

like

That man looks **like** a film star. — **wie** ein Filmstar

of

This is a picture **of** our school. — **von** unserer Schule

Let's have a cup **of** tea first. — eine Tasse Tee

out of

Only 14 **out of** 58 passengers survived the accident. — 14 **von** 58 Passagieren

over
There are **over** 20 girls in my class. — **über** 20 Mädchen

towards
Why is he so unfriendly **towards** us? — uns **gegenüber**

under
It will take you **under** 20 minutes to get there. — **unter** 20 Minuten

with
We've got a house **with** a garden. — **mit** (einem) Garten
Mike is **with** his friends. — **bei** seinen Freunden

without
You can't survive **without** food. — **ohne** Nahrung

Wendungen mit *at, in, on*

at	not … **at** all	überhaupt nicht	good/bad **at** sth.	gut/schlecht in etwas
in	**in** your own words	in/mit deinen eigenen Worten	**in** English	auf Englisch
			in my opinion	meiner Meinung nach
	in a loud voice	mit lauter Stimme	**in** different ways	auf verschiedene Weise
on	questions **on** the text	Fragen zum Text	**on** the phone	am Telefon
	a test **on** prepositions	eine Prüfung über Präpositionen	**on** the radio/**on** TV	im Radio/im Fernsehen

100 Deutsche Präpositionen und ihre englischen Entsprechungen (German prepositions and their English equivalents)

„bei"	I was **at** my aunt's (house) yesterday.	bei meiner Tante
	My mother works **for** a computer company.	bei einer Computerfirma
	My cousin is going to stay **with** us for a few days.	bei uns
	Tennis is very popular **with** my friends.	bei meinen Freundinnen und Freunden
	You can't play tennis **in** this weather.	bei diesem Wetter
„bis"	Can you finish that **by** next Monday?	bis (spätestens) nächsten Montag
	Let's wait **till/until** Sunday.	bis Sonntag
	So far we've been lucky.	bis jetzt
„von"	These books are **by** Sophie Valentine.	von Sophie V. (geschrieben)
	This is a photo **of** Sophie Valentine.	ein Foto/eine Aufnahme von Sophie V.
	Today I got a letter **from** Sophie Valentine.	einen Brief von Sophie V.
„vor"	I usually go to bed **before** ten o'clock.	vor zehn Uhr
	Let's go. It's ten **to** twelve.	zehn vor zwölf
	My grandfather died two years **ago**.	vor zwei Jahren
	'Ball' comes **before** 'Bell' in the list.	vor „Bell"
	There's a bus stop **in front of** our house.	vor unserem Haus

Konjunktionen (Conjunctions)

101 Bedeutung und Gebrauch (Meaning and use)

Konjunktionen (Bindewörter) verbinden Wörter, Satzteile oder Sätze miteinander. Man unterscheidet

- **and, but, or, not only … but also, …**

  She went home **and** had a bath.
  Do you want to play in the garden **or** by the river?

- **nebenordnende** oder **koordinierende** Konjunktionen *(coordinating conjunctions)*. Sie verknüpfen Hauptsätze oder Satzteile.

- **after, because, if, when, …**

  She went home **because** she was tired.

- **unterordnende** oder **subordinierende** Konjunktionen *(subordinating conjunctions)*. Sie verbinden Nebensätze mit Hauptsätzen.

102 Nebenordnende Konjunktionen (Coordinating conjunctions)

and
Mike wants to stay at home **and** watch TV. — **und**

both … and
Both Lisa **and** Tim were late for school. — **sowohl … als auch**

but
Mike hasn't got a pet, **but** he has got a computer. — **aber**
Megan isn't English **but** Welsh. — **sondern**

not only … but also
I have**n't only** lost my ticket, **but also** my money. — **nicht nur …, sondern auch**

or
Can you give me a pen **or** a biro? — **oder**

103 Unterordnende Konjunktionen (Subordinating conjunctions)

after
I arrived **after** Lisa (had) left. — **nachdem**

as

The bus made a lot of noise **as** it drove along the road.	**als, während**
As you know, it's Megan's birthday tomorrow.	**wie**
We can't play outside **as** it's raining.	**da, weil**

as if

We've missed the bus. It looks **as if** we'll have to walk.	**als ob**

because

We can't come **because** we're too busy.	**weil**

before

Do your homework **before** you watch TV.	**bevor, ehe**

if

If you don't go now, you'll be late.	**wenn, falls**
Do you know **if** Mr Owen is at home?	**ob**

so (that)

Please speak louder **so (that)** we can hear you.	**sodass, damit**

than

My cold is better **than** it was last week.	**als**

that

Tim says **that** he's never late.	**dass**

(not) till/until

Wait **till/until** the rain stops.	**bis**
I wo**n't** make tea **till/until** Dad comes home.	**nicht bevor, erst wenn**

when

I always do the dishes **when** I come home.	**wenn**
I made tea **when** Dad came home.	**als**

whether

We didn't know **whether** we should stay or go.	**ob**

while

The phone rang **while** we were having dinner.	**während**

⚠ *False friends:*
while **= „während"**
„weil" = ***because***

K

Nebensatz

	S	V	O
If	you	help	us,
Wenn	du	hilfst,	uns

Hauptsatz

S	V	O
we	will help	you.
wir	helfen	dir.

Wenn du uns hilfst, helfen wir dir.

▶ Wortstellung S – V – O in Nebensätzen: 6

⚠ Im Englischen bleibt bei der Verknüpfung von Haupt- und Nebensätzen die Wortstellung **S - V - O** unverändert!

Satzgefüge (Complex sentences)

Bedingungssätze (Conditional sentences)

104 Übersicht (Overview)

Nebensatz mit *if* (*if*-clause)	**Hauptsatz** (Main clause)
If it rains,	**we will stay at home.**

Bedingungssätze bestehen aus zwei Teilen: einem **Nebensatz mit *if*** und einem **Hauptsatz**. Im Nebensatz wird eine **Bedingung** genannt (**„wenn es regnet“**). Im Hauptsatz steht, was geschieht, wenn diese Bedingung erfüllt wird (**Folge: „dann werden wir zu Hause bleiben“**).

Sieh dir nun die drei Zeichnungen mit ihren Bedingungssätzen an:

After 10 minutes ...

If they score two goals[1], Arsenal will win.

After 85 minutes ...

If they scored two goals, Arsenal would win.

After the match ...

If they had scored two goals, Arsenal would have won.

[1] (to) score a goal [skɔː] *ein Tor schießen*

Wie die Beispiele zeigen, kann man drei **Grundtypen von Bedingungssätzen** unterscheiden:

- **Typ I: erfüllbare Bedingung** – Die Jugendlichen halten es für **gut möglich**, dass Arsenal zwei Tore schießt (das Spiel hat ja gerade erst begonnen).
- **Typ II: kaum/wahrscheinlich nicht erfüllbare Bedingung** – Die Jugendlichen halten es für **unwahrscheinlich**, dass Arsenal kurz vor Schluss noch zwei Tore schießt.
- **Typ III: nicht mehr erfüllbare Bedingung** – Das Spiel ist zu Ende, Arsenal hat verloren.

- **If they score two goals,** they will win.
  Wenn sie zwei Tore schießen, gewinnen sie / werden sie gewinnen. *(„Was ist, wenn ...?“)* ▶ 105

- **If they scored two goals,** they would win.
  Wenn sie zwei Tore schießen würden, würden sie gewinnen. *(„Was wäre, wenn ...?“)* ▶ 106

- **If they had scored two goals,** they would have won.
  Wenn sie zwei Tore geschossen hätten, hätten sie gewonnen. *(„Was wäre gewesen, wenn ...?“)* ▶ 107

K Arsenal will win **if they score two goals.**
Arsenal gewinnt, wenn sie zwei Tore schießen.

Im Englischen kein Komma, wenn der Hauptsatz vor dem *if*-Satz steht!

105 Bedingungssatz I: Erfüllbare Bedingungen (Conditional sentence I: Conditions that can be fulfilled)

if-clause	Main clause
If Amy **leaves** now, Wenn Amy jetzt geht,	she**'ll get** home before 10. kommt sie vor 10 nach Hause. / wird sie vor 10 nach Hause kommen.
If it **stops** raining,	we **can go** for a walk.
If Scott **comes** home,	**tell** him to phone Conchita.
simple present	– ***will*-future** – **modal auxiliary *(can/must/...)* + infinitive** – **imperative**

Bedingungssätze vom Typ I beziehen sich auf die **Gegenwart** oder die **Zukunft**:

- Mit dem ***if*-Satz im *simple present*** drückst du eine Bedingung aus, von der du annimmst, dass sie erfüllt werden kann: Du hältst es für durchaus **möglich oder sogar wahrscheinlich**, dass Amy jetzt geht, dass es aufhört zu regnen, dass Scott nach Hause kommt.
- Mit dem **Hauptsatz** teilst du mit, was geschehen wird, kann, soll usw., wenn die Bedingung erfüllt wird: Amy wird vor 10 nach Hause kommen, wir können einen Spaziergang machen, dein Gesprächspartner soll Scott etwas ausrichten.

Z If it freezes, water **turns** to ice.
Wenn es friert, wird Wasser zu Eis.
If you add blue to yellow, you **get** green.

In allgemein gültigen Aussagen („wenn etwas immer so ist") steht auch im Hauptsatz das *simple present*.

Bedingungssatz I („Was ist, wenn ...?"):

Im *if*-Satz *simple present* (nicht ~~will~~)!

⚠ I'll see you at Christmas **when** I'm in New York.
(= I'm sure that I'll be in New York at Christmas.)
... wenn (= dann wenn / sobald) ich in New York bin.
I'll see you at Christmas **if** I come to New York.
(= Perhaps I'll come to New York, perhaps not.)
... wenn (= falls) ich nach New York komme.

Verwechsle nicht *when* („dann wenn", „sobald") und *if* („falls").

Vorsicht mit dem deutschen „wenn" – es ist nicht immer englisch „when"!

Mit „falls" im Sinn ist „if" nur in!

3: 2 / 4: 2 / 4: 4

106 Bedingungssatz II: Nicht oder kaum erfüllbare Bedingungen (Conditional sentence II: Conditions that cannot or can hardly be fulfilled)

if-clause	Main clause
If Grandpa **was** younger,	he **would learn** to ski.
Wenn Opa jünger wäre,	würde er Ski fahren lernen.
If Glen **had** $50,000,	he **could move** to Florida.
Wenn Glen 50.000 Dollar hätte,	könnte er nach Florida ziehen.
If Sue **worked** harder,	she **might pass** her exam.
Wenn Sue härter arbeiten würde,	würde sie vielleicht ihre Prüfung bestehen.
simple past	***would/could/might* + infinitive**

Bedingungssätze vom Typ II beziehen sich auf die **Gegenwart** oder die **Zukunft**:

- Mit dem ***if*-Satz im *simple past*** drückst du eine Bedingung aus,
  - die **nicht erfüllt werden kann** (Opa ist nicht jünger; Glen hat keine 50.000 Dollar) oder
  - die deiner Meinung nach **wahrscheinlich nicht erfüllt wird** (du hältst es für unwahrscheinlich, dass Sue härter arbeitet).
- Mit dem **Hauptsatz** teilst du mit, was jetzt oder in Zukunft geschehen würde oder könnte, wenn die Bedingung doch erfüllt würde: Opa würde Ski fahren lernen, Glen könnte nach Florida ziehen, Sue würde vielleicht ihre Prüfung bestehen.

Z If I **could meet** a film star, I would choose Brad Pitt.
Wenn ich einen Filmstar treffen könnte, … .

- Im *if*-Satz kann auch *could* stehen.

I'd be very happy if Grandma **were** still alive.
…, wenn Oma noch am Leben wäre.

- Anstelle von *was* steht manchmal *were* im *if*-Satz.

If I were you, I'd talk to him.
Wenn ich du wäre, würde ich … . / An deiner Stelle würde ich … .

- Für Ratschläge verwendet man die Wendung *If I were you, I'd …* .

K If I **found** $100 in the street, … .
… **fände/finden würde**, …

Dem *simple past* im *if*-Satz entspricht eine deutsche Konjunktivform („fände", „finden würde").

4: 2 / 4: 4

Bedingungssatz II („Was wäre, wenn …?"):

Im *if*-Satz *simple past* (nicht ~~would~~)!

107 Bedingungssatz III: Nicht mehr erfüllbare Bedingungen (Conditional sentence III: Conditions that can no longer be fulfilled)

if-clause	Main clause
If Josh **had phoned** him,	Daniel **would have met** him at the station.
Wenn Josh ihn angerufen hätte,	hätte Daniel ihn … abgeholt.
If the weather **had been** good,	they **might have gone** to the beach.
Wenn das Wetter gut gewesen wäre,	wären sie vielleicht zum Strand gegangen.
past perfect (= *had* + past participle)	***would have*** / ***could have*** / ***might have*** + **past participle**

⚠ If he'**d phoned** …, = If he **had phoned** | he'**d have met** … . = he **would have met**

Bedingungssätze vom Typ III beziehen sich auf die **Vergangenheit**:

- Mit dem ***if*-Satz im *past perfect*** drückst du eine Bedingung aus, die **nicht mehr erfüllt werden kann**: Wir wissen bereits, dass Josh nicht angerufen hat und dass das Wetter nicht gut gewesen ist. Vergleiche:
  Josh didn't phone – so war es in Wirklichkeit.
  If Josh had phoned – das stellst du dir nur vor.
- Mit dem **Hauptsatz** teilst du mit, was geschehen wäre oder hätte sein können, wenn die Bedingung erfüllt worden wäre („was wäre gewesen, wenn"): Daniel hätte Josh abgeholt; sie wären vielleicht zum Strand gegangen.

Z If Ann hadn't gone swimming, she'**d be** alive today.
Wenn Ann nicht schwimmen gegangen wäre, wäre sie heute noch am Leben.
If Pete hadn't left, we **could play** cards now.
Wenn Pete nicht gegangen wäre, könnten wir jetzt Karten spielen.

Im Hauptsatz kann auch *would/could/might* + Infinitiv stehen: In diesen Fällen beschreibt der Hauptsatz, was jetzt, in der Gegenwart, der Fall wäre, wenn die Bedingung im *if*-Satz erfüllt worden wäre.

K If she **had helped** me last week, … .
Wenn sie mir letzte Woche **geholfen hätte**, … .
If Sue **had been** there, … .
Wenn Sue da **gewesen wäre**, … .

Dem *past perfect* im *if*-Satz entspricht eine deutsche Konjunktivform („geholfen hätte", gewesen wäre").

4: 4

Bedingungssatz III („Was wäre gewesen, wenn …?"):

Im *if*-Satz *past perfect* (nicht ~~would have~~)!

Bestimmende Relativsätze (Defining relative clauses)

108 Gebrauch (Use)

The man who is talking to your mum is my grandpa.
Der Mann, der mit deiner Mutter spricht, ist mein Opa.

This is **the girl** whose bike was stolen.
Dies ist das Mädchen, dessen Fahrrad gestohlen wurde.

Are you talking about **the bike** that they found behind the school?
Sprichst du von dem Rad, das sie hinter der Schule gefunden haben?

K

	Subject	Verb	Object
	That girl	helped	my dad.
That's the girl	**who**	**helped**	**my dad**.

Das ist das Mädchen, **das meinem Vater geholfen hat**.

▶ Wortstellung S – V – O in Nebensätzen: 6

3: 3 / 3: 4

Manchmal ist es notwendig, ein Nomen genauer zu bestimmen, damit klar wird, von wem oder was wir reden. Dafür werden **bestimmende Relativsätze *(defining relative clauses)*** verwendet: Erst durch den Relativsatz wird deutlich, wer oder was gemeint ist („welcher Mann?" „welches Mädchen?" „welches Fahrrad?"). Weil diese Relativsätze für das Verständnis nötig sind, werden sie auch **notwendige Relativsätze** genannt.

Wie in allen Nebensätzen gilt in englischen Relativsätzen die **Wortstellung S – V – O**, das Verb steht also an derselben Stelle wie in einem Hauptsatz. Beachte, dass diese englischen Relativsätze **nicht durch Kommas abgetrennt** werden.

109 Relativpronomen (Relative pronouns)

The boy	**who/that**	said that is silly.
Der Junge,	**der**	das gesagt hat, ist dumm.
Those are the girls	**who/that**	helped us.
Das sind die Mädchen,	**die**	uns geholfen haben.
Please get the book	**which/that**	is on the table.
Bitte hole das Buch,	**das**	auf dem Tisch liegt.
I only read books	**which/that**	are about animals.
Ich lese nur Bücher,	**die**	von Tieren handeln.

Die **Relativpronomen *who, which*** und ***that*** werden unterschiedlich verwendet:

- ***who*** für **Personen,**
- ***which*** für **Dinge** (und Tiere),
- ***that*** für **Dinge und Personen** (für Personen ist *who* allerdings gebräuchlicher).

I talked to a boy	**whose mother**	is from India.
… mit einem Jungen,	**dessen Mutter**	aus Indien kommt.
Is that the woman	**whose father**	died last year?
… die Frau,	**deren Vater**	letztes Jahr gestorben ist.
We played a game	**whose rules**	were very difficult to understand.
… ein Spiel,	**dessen Regeln**	sehr schwer zu verstehen waren.

Das **Relativpronomen *whose*** entspricht dem deutschen „dessen, deren". Es bezieht sich meist auf Personen, kann aber auch für Dinge und Tiere verwendet werden.
Auf *whose* folgt immer ein Nomen.

⚠ Is that the boy **whose** mother is from India?
The boy **who's** at the computer is my brother.

3: 3

Verwechsle *whose* nicht mit der Kurzform *who's* (= *who is*).

(1)

	Relative clause	
	Subject	
This is **the boy**	who	**won the race.**
Dies ist der Junge,	der	das Rennen gewonnen hat.
This is **the gadget**	that	**feeds the fish.**
Dies ist das Gerät,	das	die Fische füttert.

In **(1)** sind die Relativpronomen *who* bzw. *that* **Subjekt des Relativsatzes.** Vergleiche:
*… the boy **who** won the race.*
***He** won the race.*

(2)

	Relative clause		
	Object	Subject	
This is **the girl**	who	**we**	**met last week.**
Dies ist das Mädchen,	das	wir	… getroffen haben.
These are **the CDs**	that	**you**	**wanted to have.**
Dies sind die CDs,	die	du	haben wolltest.

3: 4

In **(2)** sind die Relativpronomen *who* bzw. *that* **Objekt des Relativsatzes.** Vergleiche:
*… the girl **who** we met last week.*
*We met **her** last week.*

110 Relativsätze ohne Relativpronomen (Contact clauses)

	Relative clause		
	Object		
Is that **the girl**	who	**we met last week?**	
oder: Is that **the girl**	☐	**we met last week?**	
Ist das das Mädchen,	das	wir letzte Woche getroffen haben?	
The new bike	that	**you bought me**	**is great.**
oder: **The new bike**	☐	**you bought me**	**is great.**
Das neue Fahrrad,	das	du mir gekauft hast,	ist toll.

3: 4

In den Beispielen links sind die Relativpronomen *who* bzw. *that* **Objekt** des Relativsatzes. Wenn *who* oder *that* Objekt des Relativsatzes sind, werden sie meistens weggelassen.
Relativsätze ohne Relativpronomen nennt man ***contact clauses***, weil das näher zu bestimmende Nomen und das Subjekt des Relativsatzes Kontakt haben – es steht kein Relativpronomen dazwischen. (Im ersten Beispiel folgt auf das näher zu bestimmende Nomen *girl* direkt das Subjekt *we*:
… the girl we met … .)

⚠

	Relative clause		
	Object	**Subject**	Verb
This is **the boy**		**who**	**won the race.**
Dies ist der Junge,		**der**	das Rennen gewonnen hat.
This is **the boy**	**who**	**we**	**met last week.** *oder*
This is **the boy**	☐	**we**	**met last week.**
Dies ist der Junge,	**den**	**wir**	… getroffen haben.

3: 4

⚠ Wenn das Relativpronomen **Subjekt** des Relativsatzes ist, darfst du es **nie weglassen!**

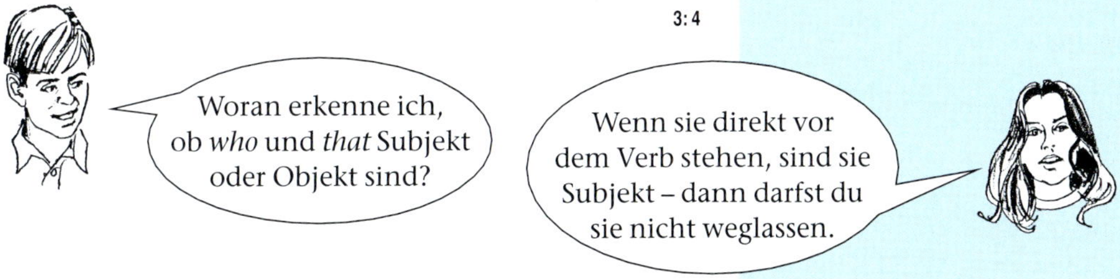

111 Unregelmäßige Verben (Irregular verbs)

Infinitive	Simple past	Past participle	
(to) **be**	**was/were**	**been**	sein
(to) **beat**	**beat**	**beaten**	schlagen; besiegen; übertreffen, besser sein (als)
(to) **become**	**became**	**become**	werden
(to) **begin**	**began**	**begun**	beginnen, anfangen (mit)
(to) **bet**	**bet**	**bet**	wetten
(to) **blow**	**blew**	**blown**	wehen, blasen
(to) **break** [eɪ]	**broke**	**broken**	(zer)brechen; kaputtgehen
(to) **bring**	**brought**	**brought**	(mit-, her)bringen
(to) **build**	**built**	**built**	bauen
(to) **buy**	**bought**	**bought**	kaufen
(to) **catch**	**caught**	**caught**	fangen; erwischen
(to) **choose** [uː]	**chose** [əʊ]	**chosen** [əʊ]	(aus)wählen, aussuchen
(to) **come**	**came**	**come**	kommen
(to) **cost**	**cost**	**cost**	kosten
(to) **cut**	**cut**	**cut**	(aus)schneiden
(to) **do** [uː]	**did**	**done** [ʌ]	tun, machen
(to) **draw**	**drew**	**drawn**	zeichnen
(to) **drink**	**drank**	**drunk**	trinken
(to) **drive** [aɪ]	**drove**	**driven** [ɪ]	*(ein Auto, einen Bus usw.)* fahren
(to) **eat**	**ate** [et, eɪt]	**eaten**	essen
(to) **fall**	**fell**	**fallen**	(hin)fallen
(to) **feed**	**fed**	**fed**	füttern
(to) **feel**	**felt**	**felt**	fühlen; sich fühlen
(to) **fight**	**fought**	**fought**	(be)kämpfen; (sich) streiten
(to) **find**	**found**	**found**	finden
(to) **fly**	**flew**	**flown**	fliegen
(to) **forget**	**forgot**	**forgotten**	vergessen
(to) **get**	**got**	**got***	bekommen; holen, besorgen; gelangen, hinkommen; werden
(to) **give**	**gave**	**given**	geben
(to) **go**	**went**	**gone** [ɒ]	gehen; fahren
(to) **grow**	**grew**	**grown**	wachsen; anpflanzen, anbauen
(to) **hang**	**hung**	**hung**	hängen, aufhängen
(to) **have (have got)**	**had**	**had**	haben
(to) **hear** [ɪə]	**heard** [ɜː]	**heard** [ɜː]	hören
(to) **hit**	**hit**	**hit**	schlagen, treffen
(to) **hold**	**held**	**held**	(fest)halten
(to) **hurt**	**hurt**	**hurt**	verletzen, wehtun; schaden, schädigen
(to) **keep**	**kept**	**kept**	(be)halten
(to) **know** [nəʊ]	**knew** [njuː]	**known** [nəʊn]	wissen; kennen
(to) **lead**	**led**	**led**	führen, leiten

AE:* **gotten

(to) **leave**	**left**	**left**	(zurück)lassen; verlassen; weggehen, abfahren
(to) **let**	**let**	**let**	(zu)lassen
(to) **lie** [aɪ]	**lay** [eɪ]	**lain** [eɪ]	liegen
(to) **light**	**lit**	**lit**	anzünden
(to) **lose** [uː]	**lost** [ɒ]	**lost** [ɒ]	verlieren
(to) **make**	**made**	**made**	machen, bilden, bauen; zubereiten
(to) **mean** [iː]	**meant** [e]	**meant** [e]	bedeuten; meinen, sagen wollen
(to) **meet**	**met**	**met**	(sich) treffen; abholen
(to) **overtake**	**overtook**	**overtaken**	überholen
(to) **pay**	**paid**	**paid**	bezahlen
(to) **put**	**put**	**put**	legen, stellen, *(wohin)* tun
(to) **read** [iː]	**read** [e]	**read** [e]	lesen
(to) **retell**	**retold**	**retold**	nacherzählen
(to) **ride**	**rode**	**ridden**	reiten; *(Rad)* fahren
(to) **ring**	**rang**	**rung**	klingeln, läuten; anrufen
(to) **rise**	**rose**	**risen**	(an-, auf)steigen; aufgehen *(Sonne)*
(to) **run**	**ran**	**run**	rennen, laufen
(to) **say** [eɪ]	**said** [e]	**said** [e]	sagen
(to) **see**	**saw**	**seen**	sehen; besuchen
(to) **sell**	**sold**	**sold**	verkaufen
(to) **send**	**sent**	**sent**	schicken, senden
(to) **set up**	**set up**	**set up**	aufbauen, einrichten
(to) **shake**	**shook**	**shaken**	zittern; schütteln
(to) **shine**	**shone** [ɒ]	**shone** [ɒ]	scheinen; leuchten
(to) **show** [əʊ]	**showed** [əʊ]	**shown** [əʊ]	zeigen
(to) **shut up**	**shut up**	**shut up**	den Mund halten
(to) **sing**	**sang**	**sung**	singen
(to) **sink**	**sank**	**sunk**	sinken, untergehen; versenken
(to) **sit**	**sat**	**sat**	sitzen; sich setzen
(to) **sleep**	**slept**	**slept**	schlafen
(to) **speak**	**spoke**	**spoken**	sprechen
(to) **spend**	**spent**	**spent**	*(Zeit)* verbringen; *(Geld)* ausgeben
(to) **stand**	**stood**	**stood**	stehen; sich (hin)stellen
(to) **stick**	**stuck**	**stuck**	kleben
(to) **swim**	**swam**	**swum**	schwimmen
(to) **take**	**took**	**taken**	(mit)nehmen; (weg)bringen
(to) **teach**	**taught**	**taught**	unterrichten, lehren
(to) **tear (off)** [eə]	**tore**	**torn**	(ab)reißen; zerreißen
(to) **tell**	**told**	**told**	erzählen, berichten
(to) **think**	**thought**	**thought**	(nach)denken; glauben, meinen
(to) **throw**	**threw**	**thrown**	werfen
(to) **understand**	**understood**	**understood**	verstehen, begreifen
(to) **wake up**	**woke up**	**woken up**	aufwachen; (auf)wecken
(to) **wear** [eə]	**wore**	**worn**	tragen, anhaben
(to) **win**	**won** [ʌ]	**won** [ʌ]	gewinnen
(to) **write**	**wrote**	**written**	schreiben

Grammatische Begriffe (Grammatical terms)

abstract noun ['æbstrækt]	abstraktes Nomen	*food, history, life, technology, ...*
active ['æktɪv]	Aktiv	The police *caught* the thief.
adjective ['ædʒɪktɪv]	Adjektiv, Eigenschaftswort	*good, big, red, funny, boring, ...*
adverb ['ædvɜ:b]	Adverb, Umstandswort	*often, really, badly, here, now, ...*
adverb of frequency ['fri:kwənsi]	Adverb der Häufigkeit	*always, never, often, usually, ...*
adverb of indefinite time [ɪn,defɪnət 'taɪm]	Adverb der unbestimmten Zeit	*already, ever, just, never, often, soon, before, yet, ...*
adverb of manner ['mænə]	Adverb der Art und Weise	*badly, happily, terribly, well, ...*
adverb of place	Ortsadverb	*here, there, outside, nowhere, ...*
adverb of time	Zeitadverb	*now, today, yesterday, ...*
adverbial [æd'vɜ:biəl]	adverbiale Bestimmung, Umstandsbestimmung	
adverbial of place	adverbiale Bestimmung des Ortes, Ortsangabe	Conchita is *from Chicago.* Come and sit *here/next to me.*
adverbial of time	adverbiale Bestimmung der Zeit, Zeitangabe	The shop opens *at 8 o'clock.* Do it *now/after lunch.*
article ['ɑ:tɪkl]	Artikel, Geschlechtswort	▶ definite/indefinite article
auxiliary (verb) [ɔ:g'zɪliəri]	Hilfsverb	*has* gone, *don't* see, *can* dance
clause [klɔ:z]	Teilsatz (= Haupt- oder Nebensatz)	▶ main clause, sub-clause
clause element ['klɔ:z‿,elɪmənt]	Satzglied	▶ subject, verb, object, adverbial
comparative [kəm'pærətɪv]	Komparativ, erste Steigerungsform	*bigger, better, more interesting, ...*
comparison [kəm'pærɪsn]	Steigerung; Vergleich	*big – bigger – biggest; as big as ...; bigger than ...*
complex sentence ['kɒmpleks]	Satzgefüge (Haupt- und Nebensatz)	*I can't come because I'm ill.*
conditional sentence [kən'dɪʃənl]	Bedingungssatz(gefüge)	*If it rains, we'll stay at home.*
conjunction [kən'dʒʌŋkʃn]	Konjunktion, Bindewort	▶ coordinating conjunction, subordinating conjunction
contact clause ['kɒntækt klɔ:z]	Relativsatz ohne Relativpronomen	That's the boy *I met last week.*
coordinating conjunction [kəʊ,ɔ:dɪneɪtɪŋ kən'dʒʌŋkʃn]	nebenordnende Konjunktion, koordinierende Konjunktion	*and, but, or, ...*
countable noun [,kaʊntəbl 'naʊn]	zählbares Nomen	*house(s), idea(s), child(ren), ...*
defining relative clause [dɪ,faɪnɪŋ ,relətɪv 'klɔ:z]	bestimmender Relativsatz, notwendiger Relativsatz	That's the girl *who helped me.*
definite article [,defɪnət‿'ɑ:tɪkl]	bestimmter Artikel	*the* [ðə] bag, *the* [ðɪ] apple
demonstrative determiner / demonstrative pronoun [dɪ,mɒnstrətɪv dɪ'tɜ:mɪnə / 'prəʊnaʊn]	Demonstrativbegleiter/-pronomen, hinweisender Begleiter / hinweisendes Fürwort	*this, that, these, those*
determiner [dɪ'tɜ:mɪnə]	Begleiter	▶ article, demonstrative/possessive determiner
direct object [,daɪrekt‿'ɒbdʒɪkt]	direktes Objekt, Sachobjekt	I like *pop music.* Glen gave his sister *a T-shirt.*
exclamation [,ekskla'meɪʃn]	Ausruf, Ausrufesatz	*What a nice cat! / Oh, no!*
full verb [,fʊl 'vɜ:b]	Vollverb (= Wortart)	*go, dance, sit, work, ...*
future ['fju:tʃə]	Futur, Zukunft	
gerund ['dʒerənd]	Gerundium	*Reading* is fun. I like *reading.*
***going to*-future** ['fju:tʃə]	Futur mit *going to*	*I'm going to watch* TV tonight.
***if*-clause** ['ɪf klɔ:z]	Nebensatz mit *if*, *if*-Satz	*If it rains,* we'll stay at home.
imperative [ɪm'perətɪv]	Imperativ, Befehlsform; Aufforderungssatz	*Listen. Don't talk.*
indefinite article [ɪn,defɪnət‿'ɑ:tɪkl]	unbestimmter Artikel	*a* bag, *an* apple
indirect object [,ɪndɪrekt‿'ɒbdʒɪkt]	indirektes Objekt, Personenobjekt	Glen gave *his sister* a T-shirt.
infinitive [ɪn'fɪnətɪv]	Infinitiv, Grundform des Verbs	*(to) go, (to) dance, (to) sit, ...*
***-ing* form** ['ɪŋ fɔ:m]	*-ing*-Form	*going, dancing, sitting, ...*
irregular verb [ɪ,regjələ 'vɜ:b]	unregelmäßiges Verb	*(to) go – went – gone*

long form ['lɒŋ fɔːm]	Langform	She *is* ten. / I *have* got a dog.
main clause [ˌmeɪn 'klɔːz]	Hauptsatz	If it rains, *we'll stay at home.*
main verb [ˌmeɪn 'vɜːb]	Hauptverb, Vollverb (= Teil des Prädikats)	I can *dance.* / We didn't *play.*
material noun [mə'tɪəriəl]	Stoffbezeichnung, Stoffname	*air, bread, coffee, water, …*
modal auxiliary [ˌməʊdl_ɔːg'zɪliəri]	modales Hilfsverb, Modalverb	*can, could, may, must, …*
negative statement [ˌnegətɪv 'steɪtmənt]	verneinter Aussagesatz	*I haven't got a CD player.* *I don't like pop music.*
noun [naʊn]	Nomen, Substantiv, Hauptwort	*Glen, girl, hamster, idea, time, …*
object ['ɒbdʒɪkt]	Objekt	I like *animal stories.*
object form	Objektform (der Personalpronomen)	*me, you, him, her, it, us, them*
object question	Objektfrage, Frage nach dem Objekt	*Who did she help?* – Her dad. *What did you drink?* – Milk.
***of*-phrase** ['ɒv freɪz]	*of*-Fügung	the name *of the street*
pair noun ['peə naʊn]	„Paarwort"	*jeans, trousers, scissors, …*
participle ['pɑːtɪsɪpl]	Partizip	▶ present participle, past participle
part of speech [spiːtʃ] (= word class)	Wortart	▶ noun, adverb, preposition, …
passive ['pæsɪv]	Passiv	The thief *was caught* (by the police).
past [pɑːst]	Vergangenheit	
past participle [ˌpɑːst 'pɑːtɪsɪpl]	Partizip Perfekt, Partizip II	*played, stopped, gone, taken, …*
past perfect [ˌpɑːst 'pɜːfɪkt]	Plusquamperfekt, Vorvergangenheit	When I arrived, Scott *had left.*
past progressive [ˌpɑːst prə'gresɪv]	Verlaufsform der Vergangenheit	It *was raining* all afternoon.
past tense [ˌpɑːst 'tens]	Vergangenheit(sform), Präteritum	▶ simple past, past progressive
personal pronoun [ˌpɜːsnəl 'prəʊnaʊn]	Personalpronomen, persönliches Fürwort	*I, you, she, …; me, her, them, …* ▶ subject/object form
phrasal verb [ˌfreɪzl 'vɜːb]	(feste) Verb-Adverb-Verbindung	*(to) find sth. out, (to) wake sb. up, …*
plural ['plʊərəl]	Plural, Mehrzahl	*apples, women, …; we, those, …*
plural noun	Nomen, das nur im Plural steht	*clothes, stairs, police, …*
positive statement [ˌpɒzətɪv 'steɪtmənt]	bejahter Aussagesatz	*I've got a CD player.* *I like pop music.*
possessive determiner [pəˌzesɪv dɪ'tɜːmɪnə]	Possessivbegleiter, besitzanzeigender Begleiter	*my, your, his, her, its, our, their*
possessive pronoun [pəˌzesɪv 'prəʊnaʊn]	Possessivpronomen, besitzanzeigendes Fürwort	*mine, yours, his, hers, ours, theirs*
prefix ['priːfɪks]	Vorsilbe, Präfix	*dis-, in-, un-, …*
preposition [ˌprepə'zɪʃn]	Präposition, Verhältniswort	*at, before, in, on, over, with, …*
present ['preznt]	Präsens, Gegenwart	
present participle [ˌpreznt 'pɑːtɪsɪpl]	Partizip Präsens, Partizip I	*playing, stopping, taking, …*
present perfect [ˌpreznt 'pɜːfɪkt]	*present perfect* (Perfekt)	Scott *has* often *helped* Amy. We*'ve lived* here for 8 years / since 1994.
present perfect progressive [ˌpreznt ˌpɜːfɪkt prə'gresɪv]	Verlaufsform des *present perfect*	*Have* you *been waiting* long? They *have been playing* cards for 2 hours / since 3 o'clock.
present progressive [ˌpreznt prə'gresɪv]	Verlaufsform der Gegenwart	Scott *is writing* a letter. *I'm leaving* Germany tomorrow.
present tense [ˌpreznt 'tens]	Gegenwart(sform), Präsens	▶ simple present, present progressive
progressive form [prəˌgresɪv 'fɔːm]	Verlaufsform (des Verbs)	▶ present/past progressive

pronoun ['prəʊnaʊn]	Pronomen, Fürwort	▶ personal/possessive/demonstrative/reflexive/relative pronoun
prop-word ['prɒpwɜːd]	Stützwort	three cars: a red *one* and two green *ones*
quantifier ['kwɒntɪfaɪə]	Mengenangabe, Mengenbezeichnung	*some/any; much/many, a little, a few, …*
question ['kwestʃən]	Frage(satz)	▶ yes/no question, question with question word
question with question word	Frage mit Fragewort	*Where's Glen?* – At home.
question tag ['kwestʃən tæg]	Frageanhängsel	You like pop music, *don't you?*
question word	Fragewort	*what, when, who, why, how, …*
reflexive pronoun [rɪˌfleksɪv 'prəʊnaʊn]	Reflexivpronomen	*myself, yourself, himself, herself, ourselves, yourselves, …*
regular verb [ˌregjələ 'vɜːb]	regelmäßiges Verb	*(to) watch – watched – watched*
relative clause [ˌrelətɪv 'klɔːz]	Relativsatz	That's the girl *who helped me.*
relative pronoun [ˌrelətɪv 'prəʊnaʊn]	Relativpronomen	the girl *who* … / the thing *that* … / the boy *whose* parents …
sentence ['sentəns]	Satz	
sentence type ['sentəns taɪp]	Satzart	▶ positive/negative statement, question, imperative, exclamation
***s*-genitive** ['es ˌdʒenətɪv]	*s*-Genitiv	*Glen's* sister, *our friends'* car
short answer [ʃɔːt‿'ɑːnsə]	Kurzantwort	Can you swim? – *Yes, I can. / No, I can't.*
short form ['ʃɔːt fɔːm]	Kurzform	She*'s* ten. / I*'ve* got a dog.
simple past [ˌsɪmpl 'pɑːst]	einfache Form der Vergangenheit	We *went* to Wales last month.
simple past form	*simple past*-Form	*played, stopped, went, took, …*
simple present [ˌsɪmpl 'preznt]	einfache Form der Gegenwart	Scott often *writes* to Conchita.
singular ['sɪŋgjələ]	Singular, Einzahl	*apple, woman, …; I, that, …*
statement ['steɪtmənt]	Aussagesatz	*I (don't) like pop music.*
sub-clause ['sʌbklɔːz], **subordinate clause** [səˌbɔːdɪnət 'klɔːz]	Nebensatz, untergeordneter Satz	I can't come *because I'm ill.* *If it rains,* we'll stay at home.
subject ['sʌbdʒɪkt]	Subjekt	*Margo* likes pop music.
subject form	Subjektform (der Personalpronomen)	*I, you, he, she, it, we, they*
subject question	Subjektfrage, Frage nach dem Subjekt	*Who likes pop music?* – Margo. *What woke you up?* – The noise.
subordinating conjunction [səˌbɔːdɪneɪtɪŋ kən'dʒʌŋkʃn]	unterordnende Konjunktion, subordinierende Konjunktion	*because, before, if, that, when, …*
suffix ['sʌfɪks]	Nachsilbe, Suffix	*-ful, -less, -ly, …*
superlative [su'pɜːlətɪv]	Superlativ, zweite Steigerungsform	*biggest, best, most interesting, …*
tense [tens]	Tempus, Zeit(form)	▶ present/past tense
uncountable noun [ʌnˌkaʊntəbl 'naʊn]	nicht zählbares Nomen	*bread, tea, time, information, …*
verb [vɜːb]	Verb, Zeitwort, Tätigkeitswort	▶ auxiliary/full verb; regular/irregular verb
verb [vɜːb] (= verb phrase)	Prädikat, Prädikatskern	Shopping *can be* fun.
***will*-future** ['fjuːtʃə]	Futur mit *will*	I*'ll be* 16 next week. I'm thirsty. – I*'ll get* you a coke.
word class ['wɜːd klɑːs] (= part of speech)	Wortart	▶ noun, adverb, preposition, …
word order ['wɜːd‿ˌɔːdə]	Wortstellung	
yes/no question	Entscheidungsfrage	*Is Glen at home?* – Yes, he is. / No, he isn't.

Register (Index)

Die Zahlen bezeichnen die **Abschnitte** des Grammatikheftes.
(K = Kontrast-Abschnitt, Z = Zusatz-Abschnitt, ⚠ = Abschnitt mit Warndreieck)

A
a/an ▶ unbestimmter Artikel
a few 78
a little 78
Steigerung 89
a lot of 78
abstraktes Nomen + *the* 73
Adjektiv 88–90
+ Präposition + Gerundium 64
+ *to*-Infinitiv 58
oder Adverb nach bestimmten Verben? 95
und Stützwort *one/ones* 72
Adverb 91–94
oder Adjektiv nach bestimmten Verben? 95
Stellung 10–12
adverbiale Bestimmung 1–6, 10–12
Aktiv ▶ Passiv
all + *the* 74
any, anyone usw. 78, 79
= „jeder (beliebige ...)" 82
Artikel ▶ bestimmter / unbestimmter Artikel
as 103
+ *a/an* 75
as ... as 90, 94
as if 103
Aussagesatz: Wortstellung 1, 2
auxiliary (verb) ▶ Hilfsverb

B
bad(ly): Steigerung 89, 93
be 15
zur Bildung des Passivs 56
be able to 17, 18, 21
be allowed to 17, 19, 22
Bedingungssatz 104–107
before 10, 98, 99, 100, 103
+ *present perfect* 41
„bei" 100
Begleiter 73–84
von *plural nouns* 67, 68
von zählbaren und nicht zählbaren Nomen 69, 78
Berufsangaben + *a/an* 75
bestimmender Relativsatz 108–110
bestimmter Artikel 73, 74
und Stützwort *one/ones* 72
better, best 89, 93
„bis" 100
both + *the* 74
by 57, 98, 99, 100

C
can 14, 16–19, 21, 22, 25, 27, 28
im Bedingungssatz 105
contact clause 110
could 14, 16–19, 21, 22, 25, 27
im Bedingungssatz 106, 107

D
Demonstrativbegleiter, Demonstrativpronomen 84
describe sth. to sb. 9
determiners ▶ Begleiter
direktes Objekt 7–9
do 15
zur Bildung der Verneinung 2, 30, 36
zur Fragebildung 3–5
„Doch!" 53

E
each 81
each other 87
Entscheidungsfrage 3
Ersatzverben der modalen Hilfsverben 17–20
every, everyone usw. 81
explain sth. to sb. 9

F
fast (Adjektiv und Adverb) 91, 93
few 78
for 42, 99, 100
+ indirektes Objekt 8
Frage(satz) 3–5
Objektfrage 4, 5 ⚠
Subjektfrage 5
Frageanhängsel 53, 54
Fragewort 4, 5
full verb (= Wortart) ▶ Vollverb
Futur ▶ *going to-future, will-future*

G
Gegenwart ▶ *simple present, present progressive*
Genitiv ▶ *s*-Genitiv
Gerundium 61–64
als Subjekt 62
als Objekt 63
Bildung 13, 61
nach Präpositionen 64
oder *to*-Infinitiv nach bestimmten Verben 63 ⚠
going to-future 29, 50–52
good: Steigerung 89
grammatische Begriffe
Seiten 61–62

H
half
+ *a/an* 77
+ *the* 74
hard (Adjektiv und Adverb) 91
Hauptsatz ▶ Satzgefüge
Hauptverb ▶ Vollverb
have 15
have got to 20
have to 17, 20, 23
Hilfsverb
be, do, have 15
modale Hilfsverben 14, 16–28
zur Bildung der Verneinung 2
zur Bildung von Frageanhängseln 54
zur Fragebildung 3, 4
how many / how much 78

I
if 103, 104–107
und *when* 105 ⚠
Imperativ im Bedingungssatz 105
in order to 59
indirektes Objekt 7–9
Infinitiv 13
Infinitiv ohne *to*
nach modalen Hilfsverben 17
***to*-Infinitiv**
nach Adjektiven, Nomen, Verben (= „zu") 58
nach bestimmten Verben + Objekt 60
oder Gerundium nach bestimmten Verben 63 ⚠
zur Angabe von Zweck oder Folge (= „um zu") 59
-*ing*-Form 13
▶ Gerundium
Intonation von Frageanhängseln 53

J
„jede(r, s)" 81, 82

K
„keine(r)" 83
Komma 104 K, 108 K
Komparativ (1. Steigerungsform)
▶ Steigerung
Konditionalsatz ▶ Bedingungssatz
Konjunktionen 101–103

Konjunktiv im Bedingungssatz 106 K, 107 K

L

least 89, 93
less 89, 93
little 78
Steigerung 89, 93
look forward to 86 K
+ Gerundium 64
lots of 78

M

main verb (= Teil des Prädikats) ▶ Vollverb
„man" 57 K
many 78
Steigerung 89
material noun ▶ Stoffbezeichnung
may 14, 16, 17, 19, 22, 27
Mengenangaben 78–83
mit *a/an* (= „pro") 76
mit *of*-Fügung 71
might 14, 16, 17, 27
im Bedingungssatz 106, 107
modale Hilfsverben 14, 16–28
Formen 17–20
Gebrauch 16
im Bedingungssatz 105–107
im Passiv 56
Sprechabsichten 21–28
more
1. Steigerungsform von *much/many* 89, 93
zur Steigerung v. Adjektiven 89
zur Steigerung v. Adverbien 93
most
2. Steigerungsform von *much/many* 89, 93
zur Steigerung v. Adjektiven 89
zur Steigerung v. Adverbien 93
most of + the 74
much 78
Steigerung 89, 93
must 14, 16, 17, 20, 23, 28
im Bedingungssatz 105
mustn't 14, 16, 17, 19, 20, 22

N

Nationalitätsangaben + *a/an* 75
nearest 89 ⚠
Nebensatz: Wortstellung 6, 103 K, 108 K
▶ Satzgefüge
needn't 14, 16, 17, 20, 23
news 69 K
next 89 ⚠
„nicht wahr?" 53
nicht zählbare Nomen 69
+ Mengenangaben 78
no (= „kein", „keine") 78, 83
nobody, no one 83
Nomen 65–72
+ Mengenangaben 78
+ Präposition + Gerundium 64
+ *to*-Infinitiv 58
abstrakte Nomen 73
pair nouns 67
Pluralbildung 65, 66
plural nouns 67, 68
▶ (nicht) zählbare Nomen
not
in Frageanhängseln 54
in verneinten Aussagesätzen 2
notwendiger Relativsatz ▶ bestimmender Relativsatz

O

Objekt
Gerundium als Objekt 63
Stellung 1–9
Verb + Objekt + *to*-Infinitiv 60
▶ direktes/indirektes Objekt
Objektform der Personalpronomen 60 K, 84, 90
Objektfrage 4, 5 ⚠
***of*-Fügung**
each + *of*-Fügung 81
in Mengenangaben 67, 69, 71
in Ortsangaben 71
und *s*-Genitiv 70
one, ones („Stützwort") 72
one another 87
Ortsangaben
of-Fügung in Ortsangaben 71
Stellung 12
ought to 14, 16, 17, 24, 28

P

„Paarwörter" ▶ *pair nouns*
pair: a pair of … 67
pair nouns 67
Partizip Perfekt 13
Partizip Präsens ▶ *-ing*-Form
Passiv 29, 55–57
Bildung 56
Gebrauch 55, 57
mit *by* 57
past participle ▶ Partizip Perfekt
past perfect 29, 46, 47
im Bedingungssatz 107
past progressive 29, 38, 39
past tense ▶ *simple past, past progressive*
pence/pennies 66
Perfekt ▶ *present perfect*
Personalpronomen 84
im Frageanhängsel 54
Objektform 60 K, 90
Personenobjekt ▶ indirektes Objekt
Plural der Nomen 65, 66
Nomen, die nur im Plural stehen *(plural nouns)* 67, 68
Plusquamperfekt ▶ *past perfect*
Possessivbegleiter 84
Possessivpronomen 84
Präpositionen 96–100
+ Gerundium 64
Stellung im Fragesatz 4 K, 96
Präsens ▶ *simple present, present progressive*
Präteritum ▶ *simple past*
present participle ▶ *-ing*-Form
present perfect 29, 40, 41
mit *since/for* 42
oder *simple past?* 43
present perfect progressive 29, 44, 45
present progressive 29, 32–34
für Zukünftiges 33, 52
oder *simple present?* 35
present tense ▶ *simple present, present progressive*
progressive form des Vollverbs 29
Verben, die nicht in der *progressive form* stehen 34
Pronomen: Übersicht 84
prop-word ▶ Stützwort

Q

quantifiers ▶ Mengenangaben
question ▶ Frage(satz)
question tag ▶ Frageanhängsel
quite + a/an 77

R

reflexives Verb im Deutschen, nicht reflexives Verb im Englischen 86 K
Reflexivpronomen 84–87
oder *each other/one another?* 87
Relativpronomen 84, 109
Relativsatz 108–110
ohne Relativpronomen 110
report sth. to sb. 9

S

Sachobjekt ▶ direktes Objekt
Satzgefüge 6, 103 K, 104–110
say sth. to sb. 9